前　言

近些年来，房地产业热遍全国大地，影响着广大民众的生活取舍，甚至也左右着中国经济的发展速率和走向。“老有所居”、“居有其屋”是每一个老百姓的梦想，也是政府十分关切和力图解决的民生问题。无论是政界、业界还是学界，对房地产价格中不断膨胀的泡沫、累积的风险都越来越担忧，于是，面对快速上涨并在高位运行的房价，如何挤压泡沫、释放风险，让房地产价格回归合理水平便成为社会各界共同关注的问题。

房地产业作为国民经济产业中具有基础性、支柱性、先导性的产业，要健康、可持续地发展，必须以房地产价格的理性回归为前提。扭曲的房价会扭曲市场主体行为，违背市场规则和范式，最终损害整个产业的发展。因此，通过对房地产业的合理调控和对市场主体利益的协调，达到对房地产价格的平抑是十分必要和迫切的。

本书是作者在工作和研究中对房地产业发展进程的长期思考的一点总结和体会，希冀可以于相关专业教学、研究以及政府决策有所参考和帮助。

本书在写作和出版的过程中，得到了曾伟、舒聪、罗佳、高敏、田君等诸多同志的帮助和支持，在此表示深深的感谢！

刘丁豪

2013 年 1 月

房地产

价格平抑与利益调节机制研究

刘丁豪◎著

西南交通大学出版社
·成 都·

图书在版编目（CIP）数据

房地产价格平抑与利益调节机制研究 / 刘丁豪著.
—成都：西南交通大学出版社，2013.6
ISBN 978-7-5643-2018-8

Ⅰ. ①房… Ⅱ. ①刘… Ⅲ. ①房地产价格－研究－中国 Ⅳ. ①F299.233.5

中国版本图书馆 CIP 数据核字（2012）第 245448 号

Fangdichan Jiage Pingyi yu Liyi Tiaojie Jizhi Yanjiu
房地产价格平抑与利益调节机制研究
刘丁豪 著

责任编辑	李芳芳
助理编辑	宋彦博
特邀编辑	梁 红
封面设计	墨创文化
出版发行	西南交通大学出版社 （四川省成都市金牛区交大路 146 号）
发行部电话	028-87600564 028-87600533
邮政编码	610031
网 址	http: //press.swjtu.edu.cn
印 刷	成都蓉军广告印务有限责任公司
成品尺寸	148 mm × 210 mm
印 张	6.25
字 数	201 千字
版 次	2013 年 6 月第 1 版
印 次	2013 年 6 月第 1 次
书 号	ISBN 978-7-5643-2018-8
定 价	28.00 元

目　录

第一章 总论

一、概述

房地产是房产和地产的统称，是房屋建筑与建筑地块有机组成的整体。房地产既是最基础的生产资料，又是最基本的生活资料。作为一种特殊产品（进入流通领域之后就成为商品），房地产品具有不同于一般生产、生活资料的特性，这种特殊性可以从其物质属性和经济属性两个方面来理解。

就房地产品的物质属性来看：其一，它不能移动、分割，具有位置的固定性。房地产品的不可移动性，决定了房地产品相对于特定区位来说具有唯一性、排他性，也就决定了其经济上具有一定程度的垄断性。第二，土地具有稀缺性。一旦稀缺性资源成为市场经营要素，那么就会出现垄断价格。因此，土地资源的稀缺性必然导致房地产价格上涨。第三，房地产品具有耐久性。这会影响开发商的定价策略，进而引致高房价。与易耗品不同，房地产品的物质寿命、使用时间很长，从管理学的角度看，开发商一般不会采取薄利多销的定价策略，而往往采取高利润价格策略，因此，这就必然会影响房地产价格的走势。第四，房地产具有不可替代性。房地产品是人们生活、生产的必要物质载体，替代性产品很少，这就决定了来自房地产行业之外的竞争程度较弱。

就其经济属性来看：其一，城市房地产品是一种价值大、价格高的商品。由于连续投资，投入了大量的劳动和资金，所以，在房地产品上累积的价值很大，故而价格也很高。其二，房地产品是一种差异性很明显的商品。在不同时间和不同地点，价格差异极大，使房地产可比价格不容易衡量。其三，城市房地产品是一种安全性较高的保值商品，容易成为投资、投机客的选择对象。其四，房地产品的流通形式不同于一般商品。一般商品是一次性出售，买卖双方钱货两讫，交易流通过程就宣告完成。而房地产品的买卖交易是一个比较长的过程，特别是租赁这种流通形式需要的时间更长。

与房地产的特殊产品属性相联系，房地产业也是国民经济产业中一个特殊的行业。近年来，我国房地产业作为国民经济支柱性产业的地位越来越突出，对国民经济发展的贡献作用和对其他产业的带动作用也越来越明显。

首先，房地产业的发展直接拉动了 GDP 的增长。长期以来，房地产开发投资都是形成各个产业固定资产的重要组成部分，国家用于房地产业领域的投资每年都在不断上升。我国国家统计局资料显示，我国房地产开发投资额占 GDP 的比重已经由 2001 年的 5.8%上升到 2009 年三季度的 11.5%，到 2011 年末达到 13.07%。[①]

其次，房地产业的发展带动了相关产业的发展，尤其是带动了建筑业、建筑材料业、机械设备制造业、金属产品制造业、化学工业、家电家具业等多个行业的发展。国家统计局综合司课题组的研究结果表明，每 100 元的房地产投资可以为其他行业创造 215 元左右的需求。也就是说，当房地产业的产值每增加 1 个单位，可以带动其他相关产业增加 2 个单位以上的产值。如 2009 年，在世界金融危机背景下的中国房地产业对 GDP 的贡献就超过 13%，如果加上通过关联产业和拉动消费对 GDP 的带动效应，房地产开发投资对经济增长的总贡献率甚至已超过了 20%。“在过去几年，房地产对每年的经济增长一般直接贡献在 1 个多点，间接贡献高达 2 个 ~ 3 个点！即使对房地产颇有微词的央行，在最新政策报告中，也给了充

① 中华人民共和国国家统计局. 中国统计年鉴—2012[M]. 北京：中国统计出版社. 2012.

分肯定。”[①]

第三，房地产业的发展极大地增加了地方财政收入。对全国很多地方来说，房地产业对地方经济的贡献都是非常显著的。地方财政收入的一半左右都来自房地产业。尤其是对于第二、三产业发展较缓、工业经济较弱的地方来说，通过房地产行业的土地出让金、房地产相关税费收入等方式获得的收入在整个地方财政中所占的比例更大。国土资源部的统计数据显示：2007 年，全国土地出让金总额达 13 000 亿元；2008 年，全国土地出让收入有所下降，但仍达到了 9 600 亿元；2009 年，全国土地出让金达到 15 000 亿元，同比增加 140%。又如北京 2009 年土地出让金为 928 亿，占财政总收入（2 026 亿）的比重为 45.8%，上海同年土地出让金为 1 043 亿，在 2 540 亿元的财政总收入中占 41.1%。“1999 年至 2011 年，这十三年是中国土地资产化最为迅猛的年代，全国土地出让收入总额约 12.75 万亿元，几乎年均 1 万亿元。”“国务院发展研究中心副主任韩俊在《农民日报》上撰文称，2011 年我国土地出让金的收入已经超过 3.15 万亿元。”[②]而从国家统计局公布的 2011 年公共财政收入情况看，2011 年全国财政收入 103 874 亿元，比上年增加 20 639 亿元，其中，地方本级收入 52 547 亿元。由此推算，2011 年，土地收入占到了全国财政总收入的 30.3%，占地方本级财政收入接近 60%。

第四，房地产业的发展极大地促进了就业。作为第三产业的房地产业对劳动密集型的建筑业、服务业、家居装饰业等相关产业的带动是十分明显的，因而房地产业的发展可以容载巨大的剩余劳动力，解决我国十分突出的就业问题。

虽然房地产业的发展对我国经济和社会发展做出了巨大贡献，但是，在我国房地产业迅猛发展的过程中也逐步暴露出许多问题，累积了不少风险。这些风险主要包括金融风险、物价风险、社会风

① 麻伟亮.正视我国房地产泡沫[J].商场现代化，2006（10）：270-271.

② 刘展超.全国土地收入13年近13万亿资金去向鲜有对外公布[N].第一财经日报，2012-02-24.

险等。特别是房地产业无约束的发展所带来的房价快速增长所引发的一系列经济和社会问题又非常现实和潜在地反作用于社会经济的各个领域，阻碍了包括房地产业在内的整个国民经济的健康发展。因此，通过合理的调控，建构系统的、长效的房地产市场调节机制，对快速上涨的高房价进行平抑是十分必要的。

房地产价格过高、利益冲突过烈、资源浪费过大是我国房地产业发展过程中存在的最为显性的问题，而房价过高又是最为突出的问题。对我国房地产业发展中出现的这些问题显然不是一招一式、一时一刻可以解决和克服的，而是需要通过市场、行政、经济、法律等综合的手段，进行全方位的制度安排和政策设计，才能够有效地化解目前我国房价屡控屡涨、越控越涨的尴尬局面。

在房地产价格平抑过程中我们应该注意到房地产品和房地产业的特殊性问题。一方面，房地产品和房地产业的特殊性在很大程度上影响着房地产价格的变化，也影响着房地产业的走势，也就是说房地产价格的走高是与房地产品和房地产业的特殊性密不可分的；另一方面，房地产品和房地产业的特殊性是一种客观存在，不是人们的主观意志能够控制和左右的。因此，在进行房地产价格抑制时，在房地产业抑制政策的设计中必须正视这种客观存在，必须在遵循房地产业客观规律的前提下对房地产价格进行调控和抑制。否则，不但不能达到预定的价格调控目标，反而会助推房地产价格上涨，损害房地产业的健康发展。

二、房地产价格平抑的目标与衡量标准

面对在房地产业快速发展之时出现的各种问题以及由此带来的各种社会风险、经济风险，政府不得不对房地产市场进行调控。但由于房地产市场各种利益主体众多，各主体的立场不同，利益追求不同，房地产市场调控的目标也变得多元化。但从长远的、整体的角度考虑，

中央政府最重要、最优先的调控目标选择则应当平抑房价。

房价问题是社会经济领域和社会政治领域都非常敏感的问题。高房价不仅是房地产众多问题的症结点，也是引发诸多社会、经济问题的最重要原因。比如，高房价对物价通胀的助推，导致社会购买力下降，抑制内需。又如，高房价导致社会生产和生活成本的增加，许多人因为不能负担高额的购房费用，不得不选择较远的居住地，较长时间地往返于工作和居住地，增加家庭总支出（交通直接支出和时间机会成本增加），进而增大社会总成本。从另一方面说，房价、房租的增加，使社会固定生产成本也在上涨。再如，高房价导致的投机心理的蔓延，严重扭曲了社会正常的劳动价值观念，对社会经济发展带来极为不利的心理暗示。更为严重的是，高房价绑架中国经济，阻碍国民经济产业结构升级；高房价也严重威胁到国家金融体系安全。因此，对高房价的抑制已经成为大家的共识，被我国政府列为最需要重点考虑的房地产业问题。

（一）使房价“回归合理水平”

房地产价格的平抑是以房价的合理回归为具体指向的。房地产价格平抑是指要通过抑制使房地产价格趋于平稳。也就是说，要通过政策和市场之手抑制房价过快、过高增长，使房地产价格保持在一个“合理的水平”。

前国务院总理温家宝在十一届全国人大五次会议的政府工作报告中明确提出，要继续搞好房地产市场调控，“严格执行并逐步完善抑制投机、投资性需求的政策措施，进一步巩固调控成果，促进房价合理回归。”在 2010 年 12 月 26 日，温家宝在中央人民广播电台直播间与网友交流时也表示，将继续加大力度抑制房地产投机，并承诺“在任期内一定要使房价能够保持在一个合理的水平”。显然，使房价保持在一个“合理的水平”不仅是广大人民的呼声，也已经成为中国政府和社会各界的共识，是我国平抑房价的根本目标。温家宝在 2012 年的《政府工作报告》中还特别强调，要“重点抑制房地产价格过快上涨”。

合理的房价水平只是一个定性的判断，但如何从定量的角度来认识这一问题呢？也就是说房价回归到什么状态才是“合理水平”呢？我国房地产价格的“合理水平”应该主要依据以下几个方面来判断：

首先，需要从房价与居民收入之比来衡量我国的房价水平。

房价收入比是指住房价格与城市居民家庭年收入之比。国际上通用的房价收入比的计算方式是以住宅套价的平均值除以家庭年收入的平均值（当然也有另一种计算方法，就是用每平方米的房价除以家庭月收入，合理值一般为 1。）

房价与居民家庭收入比虽然并没有一个统一的国际标准和惯例，但一般认为，国际上房价（一套房屋的价格）和居民收入（年收入）之比一般是 3～6，超过 6 就算较高。世界银行于 1998 年对 96 个国家和地区进行过统计，发现各地的房价收入比是高度离散的。这 96 个国家和地区中，最高的房价收入比为 30，最低的房价收入比为 0.8，平均值为 8.4，中位数为 6.4。这也成为了后来“国际合理房价收入比为 3～6”的来源。美籍华人、经济学博士李玲瑶曾在《透视美国，解读中国——山坡上的中国经济》一书中说道：“联合国普遍认为，如果一个家庭能够用 3 倍于年收入的钱买到一套房子，就表示这个国家没有房地产泡沫。世界银行是按家庭年收入的 4 倍来衡量房价的。中国居民收入较低，可以放宽标准，用家庭收入乘以 6。……美国从 1975 年到 2000 年这 25 年当中，房价与家庭收入的比值一直是 2.7～3，在一个比较合理的数字范围内。而中国许多一线城市的这一倍数已经达到 10 倍甚至 20 倍以上了。”

目前，虽然我国 GDP 总量已经跃升世界第二，人均 GDP 已经达到 5 000 多美元，但我国城市居民的可支配收入和购买力还是有限的，房价收入比仍然超出国际公认水平，达到了两位数，有的地方甚至达到 30。这也就意味着一个中等收入家庭买一套中等面积住宅需要奋斗二三十年。成立于 1855 年的全球领先的房地产服务供应商第一太平戴维斯于 2012 年 3 月 19 日发布的针对我国多个城市的平均房价及当地中等收入水平的家庭进行的调查结果也充分证实了这一点：上海中等价位住宅总价与中等家庭年收入之比约为30，为当前内地最高，广州与北京次之，约为28。

房价收入比反映的是房价与居民购买承受力的关系，如果房价收入比过高，就会超出居民的购买能力。毫无疑问，从房价与居民收入之比的实际情况来看，我国的房价水平明显居于高位水平。

其次，合理的房价水平还应该根据房地产开发投资总额占GDP总额的比重和房价涨幅与GDP增幅的比值来判断。

一般来说，当一个国家的房地产开发投资总额与一个国家同期的GDP总额的比值在10%以内时，属于合理范围；当此指标在10%～15%时，处于房地产开发投资泡沫预警范围；当在15%以上时，房地产开发投资泡沫开始显现；当达到或超过20%时，出现泡沫。根据国家统计年鉴计算出的这一指标我们可以看到，近十多年来，我国房地产开发投资总额与GDP总额的比重一直呈逐年上升的态势，从2009年开始达到泡沫预警范围（见表1.1）。表1.1中数据只是反映了全国的平均比值，在上海、北京、广州等房地产热点城市，这一指标早已超出泡沫预警范围，有的城市甚至达到30%。从这点来看，我国房地产市场已经存在严重的投资过热情形，而投资过热的出现是和房地产行业高房价、高利润的吸引分不开的。

表1.1　2000年以来我国房地产开发投资总额占GDP的比重

年份	房地产开发总额/亿元	GDP/亿元	房地产开发投资占GDP的比重/%
2000	4 984.1	98 000.5	5.09
2001	6 344.1	108 068.2	5.87
2002	7 790.9	119 095.7	6.54
2003	10 153.8	134 977.0	7.52
2004	13 158.3	159 453.6	8.25
2005	15 909.2	183 617.4	8.66

续表 1.1

年份	房地产开发总额/亿元	GDP/亿元	房地产开发投资占GDP的比重/%
2006	19 422.9	215 904.4	9.00
2007	25 288.8	266 422.0	9.49
2008	31 203.2	316 030.3	9.87
2009	36 241.8	340 320.0	10.65
2010	48 259.4	399 759.5	12.07
2011	61 796.9	472 115.0	13.09

（数据来源：《中国统计年鉴》）

与房地产开发投资总额占 GDP 总额的比重指标相联系的另一个指标是房价涨幅与 GDP 增幅之比值。此比值是用来衡量房地产价格是否过高的又一重要指标。如果一个国家的房地产价格涨幅多年超过 GDP 的增幅，其间累积的房地产价格泡沫将十分严重。从我国的实际情况来看，自 2004 年以来，我国房地产价格涨幅逐步超过同期 GDP 的增长幅度，而且是越来越高。有很多地方政府把房价涨幅不超过 GDP 增幅作为调控房地产市场的重要政绩指标也可以反证这一事实。因此，在我国，抑制房价，使房地产价格回归合理水平是很有必要的。

第三，从房价与租金之比（租售比）来衡量房价水平。

所谓“租售比”，是指每平方米使用面积的月租金与每平方米建筑面积房价之间的比例关系。从理论上看，合理租售比的确定原则是在房屋的整个寿命期内，购房所需支付的全部费用（房价、房产税、保险费等）与租房所需支付的全部费用相等。[①]这个指标是西方不动产投资收益最敏感的判断指标，也是衡量房地产市场健康、合理程度的重要参考依据。这一指标还有一种计算方法，就是用房屋年租金除以房价（不含税金），如果比值小于 4.5%，则表示房地

---

① 徐丹丹，任延芳. 关于我国房屋租售比偏高的几点思考——基于对成都市的房地产数据分析[J]. 现代商业，2008（6）：278.

产市场存在泡沫，如果大于 5.5%，则表示房屋还有升值空间。

目前国际公认的合理租售比（月租金与每平方米建筑面积的房价之比）应该为 1∶200～300，即在正常市场情况下，买一套房要出租 200～300 个月才能收回全部投资。比如，德国汉堡的租售比大约为 1∶280；加拿大地广人稀，以一栋独门独院 400 平方米左右的房子为例，价格在 40 万加元左右，而月租金为 1 800～2 000 加元，租售比为 1∶200 左右；在日本东京市中心，一套 60 平方米左右的房子售价在 1 500 万日元左右，月租金大约为 10 万日元，租售比在 1∶150 左右。但是，在我国许多城市，房价与租金的比值都远远超过这一范围。中国社会科学院城市发展与环境研究中心在 2007 年发布的《2006 房地产蓝皮书：中国房地产发展报告》显示，2006 年我国部分大城市二手房的租售比已超过国际警戒线。据 2010 年北京中原三级市场研究部统计，北京地区的通州、大兴、房山、顺义这四个热点郊区的租售比都在 1∶600 左右，燕郊的租售比更是高达 1∶1 200。全国其他地方的情形大致也是如此[①]。如果加上因为按揭购房和为了出租而支付的装饰装修等费用，那么租售比将会更小，租金总收益和总房价的差距会更加明显。目前，我国房地产市场租售比问题更加突出，许多地方"租售比失调；……一线城市中，住宅类物业年租金回报水平普遍在 3%以内，甲级写字楼在 5%～6%以内，商业在 5%以内"[②]。这样的回报水平，表明了租价远远低于售价。

租售比值过小反映出的问题主要有两个：一是房价过高，二是房地产市场存在着较为严重的购房投机。

购房投机行为的大量出现，会极大地消减增加土地供给和房源供给缓解市场供需矛盾的效用。因为，投资或者投机行为的产生是以投资收益预期为基础和前提的，其与消费性购房行为是不相同的。消费性购房是以自我居住为目标，由于受制于购买力和市场价值规律的作用，当房价上涨时，购房需求就会减弱，相反，当房价下跌

① 徐丹丹，任延芳. 关于我国房屋租售比偏高的几点思考——基于对成都市的房地产数据分析[J].现代商业，2008（6）：278

② 赵卓文. 租售比严重失调房地产系统风险显现[N]. 南方都市报，2013-5-10.

时，自住性购房就会增加。但是，对于投资和投机性购房来说，有时候市场规律的作用会失灵，房价愈是上涨，投资或投机收益预期就愈高，投资和投机者就会越踊跃。在我国，房地产市场目前存在的一个主要问题是供小于求，居民对住房的需求呈现出刚性特征，因而房价长期以来处于高位运行态势。所以，只要房价持续高位运行，投资、投机行为就不会停息，会不断地寻找房地产投资对象，故而“增加土地供给和房源供给是无法真正做到平抑房价的，只会为炒作者提供更多的可炒作产品，让房地产市场的泡沫越吹越大”。[①]如果政府希望从增大土地供应量的层面来解决这一供需矛盾，就必须抑制投机性购房。换句话说，如果不把自住性购房需求和投资、投机性购房需求区分开来，投资、投机性房地产价格的上涨就会拉高平均价格，导致整体房地产价格上扬。在国外，包括发达国家在内，较少有一般居民持有多套房产的情况，而我国却不一样，这种情况的出现与投资、投机有直接关系。为抑制投机、缩小投机性行为的获利空间，一些国家往往采取高资本利得税的方式，有的甚至推行更加严厉的抑制房价措施。比如德国，采取直接限制房价上涨幅度的办法，对违反规定严重者甚至以犯罪论处。

总之，无论是从抑制高房价的角度还是从抑制投机的角度，加强对房地产价格的平抑，使房地产价格回归合理水平都是十分必要的。

第四，从开发商成本与收益之比（投资收益率）来衡量房价水平。

投资收益率是评价投资效益和水平的主要指标，也可以作为衡量房价水平的重要参考依据。

在我国，房地产业属于收益极高的行业。一方面，与我国其他国民经济产业相比较，其收益率水平在很多行业之上；另一方面，与国外比较，也远远超越国外同行业的收益水平。国土资源部曾在 2004 年 3 月 29 日发布的《我国重点地区和主要城市 2003 年地价动态监测报告》中指出：在房地产开发利润方面，大多数城市普遍在 10%以上，如广东顺德 1999 ~ 2003 年房地产开发企业

① 易宪容. 回归消费市场才能平抑房价[J]. 房地产导刊，2009（8）：32-33.

的平均利润率在 25%左右，中高档房地产平均利润率更高，一般达到 30%～40%，远远高于其他行业的平均利润率水平。[①]原建设部部长侯捷在其任职期间也曾谈到我国当时的房地产业利润水平："中国投资房地产的利润大大高于国际水平，也高于发达国家。国际上房地产的平均利润基本上为 6%～8%，有些国家只有 2%，但中国国内平均不低于 30%。即使近年来市场不景气，也在 20%～25%，连利润最低的安居工程，也有 15%左右的利润，大大高于一般产业的利润水平。"[②]至于我国房地产业的投资收益率水平，不同的项目和不同的开发商由于采用的运作手段不同，可能收益率会更高，所以有人认为，"如果说房地产的暴利率在 15%～30%，那么地产业的暴利则在 150～300%。"[③]

在我国，房地产开发利润是极高的，社会公众看到的只是利润的冰山一角，看到的只是开发商微利、薄利的假象。从经济学的角度看，由于房地产品特殊的增值保值性，从单一投资项目的自有资金收益来说，房地产自有资金收益率会比其他行业更高，因为房地产可以通过负债经营的方式，成倍放大投资规模，获得更大的投资回报率。开发商包括上市房地产企业之所以会隐瞒真实盈利，目的就是逃避税收，追求利润最大化。2003 年南京市地税局稽查分局对 2002 年度纳税额较大的 88 家房地产企业进行了税收专项检查，竟然发现 87 家有问题，比例高达 98.9%，涉税金额达 5031.66 万元。如果按照 33%的企业所得税率计，仅南京市的这 87 家开发商隐瞒的利润就超过了 1.5 亿元。[④]2011 年 10 月，财政部公布《中华人民共和国财政部会计信息质量检查公告》（第二十一号）对 2010 年 114 户企业的会计信息质量的检查结果显示，部分房地产企业存在销售收入不实、多计成本费用、少缴或迟缴税款等问题，涉及金额共计

① 苗天青. 我国房地产业的实际利润率及其福利效应分析[J]. 经济问题探索，2004（12）：115-117.

② 侯捷.中国房地产业利润率远高于国际水平[N].北京晚报，1996-6-6.

③ 佚名. 2004 年中国十大暴利行业[J].大陆桥视野，2005（2）：79.

④ 苗天青. 我国房地产业的实际利润率及其福利效应分析[J]. 经济问题探索，2004（12）：115-117.

超过20亿元，包括远洋地产、广东宏远集团房地产开发有限公司、中信地产、中粮地产等在内的多家大型房企都名列其中。从实际情况来看，一些房地产企业主要通过虚置成本（特别是将后期土地等成本提前计入当期成本中）或者提高管理费用等手段来隐藏真实盈利，目的之一是逃避税收，目的之二是规避社会舆论。对于处于社会舆论风口浪尖的房地产企业来说，通过隐瞒真实盈利来避开舆论监督也是不得已而为之的行为。

开发企业的超高利润隐藏的重要含义是超高房价。利润与房价是呈正相关关系的，只有抑制住超高利润，才可能抑制住超高房价。

（二）促进房地产业健康发展

价格的无限上涨会累积房地产市场泡沫,形成巨大的市场风险。当这种风险得不到有效释放的时候，就会对社会经济包括房地产行业本身带来巨大的危害，阻碍房地产业自身的健康发展，引发国家经济的剧烈波动，甚至使国民经济陷入增长停滞的地步。日本、中国香港、美国等国家和地区由于房地产泡沫破灭引发的经济困境就是明证。

《新帕尔格雷夫经济学大辞典》中对经济泡沫的定义是，“泡沫可以不太严格地定义为：一种资产或一系列资产价格在一个连续过程中的急剧上涨，初始的价格上涨使人们产生价格会进一步上涨的预期，从而吸引新的买者——这些人一般是以买卖资产牟利的投机者，其实对资产的使用及其盈利能力并不感兴趣。随着价格的上涨，常常是预期的逆转和价格的暴跌，由此通常导致金融危机。”可见，房地产泡沫是房地产资产在一个连续的交易过程中陡然涨价，价格严重背离价值而出现的一种经济状态。房地产泡沫的出现是在投机泛滥的市场环境中催生的，是以价格虚高、资产价格严重偏离价值为表现的。

房地产价格泡沫的出现首先带来的风险是金融风险。在逐利的金融资本市场,大量的投机性资本会在高利润的诱导之下不断追逐高房价、抬高房价，但在价值规律的最终约束下，房价不可能无限制地摆脱价值主轴上涨而最终会停止上涨甚至下跌。一旦出现价格下跌，房地产泡沫就会破灭。美国的次贷危机引发的全球金融危机充分说明了这一点。房地产价格泡沫的破灭无疑会严重打击房地产业，中断房地产业的持续发展。因此，平抑房价除了抑制房价本身之外，另一个重要的目的和意义就在于促进房地产业的可持续、健康发展。

（三）合理配置房地产资源

平抑房价和合理配置房地产资源是相辅相成的。

一方面,平抑房价有利于合理配置房地产资源和其他社会资源。首先，价格是影响资源配置的最有效手段。房地产价格的快速上涨，对社会资源会产生巨大的吸引作用，大量的社会资源会在利益的诱导下累积到房地产行业中，其中主要是货币资本、劳动力资源、公共资源（如基础设施等）等集中投向房地产行业，一方面导致社会资源的闲置和浪费,另一方面导致其他产业领域资源的紧张和不足,使社会资源在总体上得不到最有效配置和利用。其次，房地产价格的上涨会导致其他产业经济成本的增长。因为房地产是人们生活的基础，是其他产业活动赖以有效开展的物质载体。任何产业活动对房地产品的消耗都是成本链条上必不可少的一环，房地产价格的上涨必然会增大产业活动的成本。因此，平抑房价有利于合理配置房地产资源和社会资源，降低社会经济活动总成本，间接地提高城市经济组织的综合竞争力。

另一方面，合理配置资源，也有利于平抑房价。价格很大程度上是由成本决定的，即使是浪费的资源也要计入成本，反映到价格之中。所以，合理配置房地产资源，减少资源的浪费，提高资源和资本的利用效率，无疑可以起到降低成本、平抑房地产价格的作用。

从这个层面上说，合理配置资源也是平抑房价的目标之一。

三、房地产价格平抑和房地产市场调控的基本原则

房地产价格抑制需要把握好以下原则，坚持以下思路：

首先，抑制房价是一个系统工程，不能一蹴而就，需要兼顾整体利益和局部利益、眼前利益和长远利益。

其次，抑制房价需要从导致高房价的根源入手，不能够只治标，不治本。可以说，导致房地产价格高的原因很多，既有经济的原因，也有政治的原因，既有房地产产业内的原因，也有房地产产业外的原因，还有社会的、人们心理层面的原因。因此，对房地产价格的抑制，不能够仅仅使用纯粹的经济方式或者单一的行政方式，而应该多管齐下，从多方面、多角度进行抑制，特别是要通过清楚明了的政策宣讲和解读，消除广大居民的认识误区和心理担忧，正确引导购房者的消费行为。在很多时候，不能说是政府运用的经济或者行政的调控措施不力，而是由人们心理层面的误区所导致的非理性消费行为，冲淡了这些调控政策的效果，因而使国家所颁布的各项政策条例收效甚微。

第三，抑制房价需要对房地产市场主体利益关系进行协调。房价是由成本和利润构成的。一方面，在房地产利益链上附着的主体越多，房价越高；另一方面，房地产市场中利益主体追逐利益的愿望越高，房价也越高。在我国，房地产利益链条很长，附着在这条链条上的逐利主体也很多。在房地产开发的不同环节，由于利益主体不同，各自追求的利益目标也不同。因此，在对房地产市场主体进行利益调节时，应该分环节、分阶段，减少利益主体，约束市场主体的利益欲求，这样，才能真正达到抑制房价的目的。

第四，房地产价格抑制要从供需两方面入手，不能只注意抑制

需求而忽略增大供给。就目前的房地产调控政策来看，国家虽然通过增大保障性住房供给量的方式来缓解市场所出现的供需矛盾，但是，这种市场供给只是解决了房地产市场体系中的一部分需求问题而已。在房地产需求市场体系中，除了低收入者群体外，或者说除了刚性需求外，还有大量的中高收入群体、高消费或者以投资为特征的弹性需求。对于这部分市场需求，目前国家采取的是抑制需求的方式来缓解供需矛盾，正如温家宝在十一届全国人大五次会议作的政府工作报告中所说的那样："严格执行并逐步完善抑制投机、投资性需求的政策措施，进一步巩固调控成果，促进房价合理回归"。这种"捂住"、抑制购买需求的方式虽然在短时间内，可以起到作用，但从长远来看只会适得其反。近几年来我国房地产价格的多次强劲反弹充分地说明了这一点。

第五，房地产价格抑制应遵循房地产市场和房地产行业的特征和规律。房地产品和房地产业均具有不同于其他产品和国民经济其他行业的特征，在房地产价格抑制中，应该正视房地产品和房地产业的客观性、特殊性。比如，由于房地产品具有保值增值性，因而成为显而易见的投资难度和风险都较小的投资品。在国人投资理财能力普遍不高的情况下，把房地产品作为首选投资品，这是无可厚非的。在投资渠道不多、投资渠道不畅的情况下，如果国家一味地抑制投资性购房，只会在很大程度上抑制社会资本保值增值，造成社会资源和民间资本的浪费和损失。所以，这种忽视房地产品特性的只"堵"不"疏"的做法，带来的不仅仅是房地产市场的困境，也对社会其他领域和百姓财富造成贬值的负面影响。

四、房地产价格平抑与市场利益协调的关系

房地产价格平抑与市场利益协调虽然在具体的要求上有所不同，但都是以抑制房价、保持房价稳定为目标。应该说，平抑房价

是目标，市场主体利益协调是路径和手段。

参与房地产市场博弈的主体很多，包括了开发商、政府、金融机构、消费者等。由于中国国情的特殊性，房地产市场利润空间大，吸引了众多的市场主体参与角逐。在鱼龙混杂的房地产市场，虽然各个市场主体的价值诉求不完全相同，但都是以追逐最高利益为目标——当然这些目标是多元的，既有政治利益目标（如政府），又有社会利益目标，最主要的还是经济利益目标。由于市场机制作用的弱化，这些利益主体所追逐的经济利益的叠加，直接导致了高房价的出现。

在我国房地产市场这个既对立又统一的矛盾复合体中，形成了几对重要的矛盾关系，即：政府与开发商，中央政府与地方政府，开发商与消费者，政府、开发商与被拆迁者，房地产商与金融机构，等等。这些矛盾关系是错综复杂的，博弈双方或多方既对立又统一，既掣肘又促进，在不同的时空条件下，各对博弈关系也可能发生变化。

房地产价格平抑是一个系统工程，需要多方面、多层面的努力，尤其是需要协调处理好房地产市场的相关利益主体的关系，建构长效的利益协调机制和约束机制。

第二章

房地产价格平抑的重要意义

房地产价格已成为当今社会普遍关注的热点话题之一，房价的高低直接关系到人们的切身利益。1998 年我国房地产市场开始全面改革后，许多居民拥有了自己的产权住房。但是，由于我国房地产市场发展相对不成熟，房地产投资过热，房价收入比过高、房价涨幅过快等问题逐渐暴露出来。特别是近年来，我国过高的房价已经超出了大部分居民的承受能力。尽管政府一次次出台新的政策对房地产价格进行调控，但这些调控手段并未对我国房地产业中出现的高房价起到多大的抑制作用，相反，房价犹如脱缰的野马，朝着令人咋舌的高位一路狂奔。买房难成为了当今中国迫切需要解决的民生难题。

纵观住房货币化改革以来我国房地产市场的发展，可以看到，这些年是我国房地产市场发展的黄金时期，目前房地产业已成为国民经济的支柱产业。但同时我们也应看到，在房地产市场持续繁荣、助推国民经济快速增长的同时，也出现了一系列不容忽视的问题。主要表现在：房地产价格形成机制扭曲，整体房价居高不下；地方政府房价控制目标与社会预期存在较大落差，以至于房价水平大大超过了居民承受能力；保障性住房融资与管理机制不健全；房地产开发企业过度依赖信贷资金，房地产市场的金融风险也在逐步暴露，反过来破坏房地产经济的健康发展与国民经济的可持续发展。

房地产价格的居高不下，从一方面来说是城市经济发展水平快速增长推动的结果；另一方面，房地产价格增长速度过快会增加城市的生产、生活成本，阻碍城市经济的发展，降低城市的竞争力。因此，抑制高房价是十分必要的。

一、房地产价格上涨的原因

房地产价格是房屋建筑物与其占用的土地价格之和，同其他任何商品一样，是价值和使用价值的统一体。其具有明显的权利价格特征。其价格形成机制与价格表现形式也具有特殊性和多样性。房地产价格通常以货币形式表示，但也可以实物、无形资产和其他经济利益等非货币形式来偿付。

效用是指能够满足人们某种需求的效力和作用，即商品的使用价值。就房地产而言，其效用是指消费者消费房地产品使自己赢得居住、商用，享受舒适、闲暇，或者获得经济和非经济上的收益等方面的需求和欲望得到的满足。房地产的效用因其所提供的服务不同、满足消费者需求和欲望的不同而不同。与此同时，房地产又具有稀缺性，土地的稀缺性与房地产效用的结合，使其具有了较高的价值。因此，房地产价格是其效用、稀缺性和市场的有效供给与市场需求相互作用的结果，但又会受到国家政策、政治法律、经济、市场等因素的影响而波动。由此可见，房地产的价格是多重因素共同作用的结果，也就是说，房地产价格变动和上涨的原因是错综复杂又相互影响的，对房地产价格上涨原因的探究，必须从多方面入手。

（一）房地产供给市场方面因素

我国的房地产市场起步虽晚，但发展势头强劲，发展迅速。大体上说，我国房地产业经历了一个由20世纪80年代起步、90年代渐进、21世纪后突进的过程。刚开始的10多年基本上是平稳的，但是随着我国经济持续高速增长，在外部资金大量流入的推动下，我国房地产价格经历了大幅快速上涨的过程。

2011年，在国家实行房地产市场调控行政与市场手段并用，“限购”、“限价”、“限贷”等政策全面升级的情况下，部分省份房价增速依旧上升。“2011年商品房、住宅均价增速上升的省（市）分别有12个和8个。商品房增速上升最快的是陕西省，比2010年提高14.9个百分点。住宅增速上升最快的为湖北省，比2010年提高15.3个百分点。商品房均价增速上升超过10个百分点的有3个省份，分别为陕西省、湖北省、江西省。住宅均价增速上升超过10个百分点的有4个省份，分别是湖北省、云南省、江西省、陕西省。”①

在房地产市场化的条件下，房地产价格形成主要受到供给与需求两方面因素的影响。

“房地产供给是指房地产开发商和拥有者在某一特定时间内，在某一价格水平上，愿意而且能够租售的房产数量。”形成供给有两个条件：一是房地产开发商或拥有者愿意供给，二是房地产开发商和拥有者有能力供给。拥有这两个条件，才能提供有效的房地产供给。

影响房地产的市场供给因素主要包括：房地产市场价格、土地价格和城市土地的数量，资金供应量和利率、税收政策，建筑材料供应能力和建筑能力，该类房地产的开发成本，该类房地产的开发技术水平，房地产开发商对未来的预期，等等。

从供给方面看，我国房地产市场是区域垄断性的市场，在这种市场格局下，房地产开发企业具有较大的价格决定权。在房地产开发企业面对房地产开发过程中各项成本增加的压力时，有能力也有动机通过房价上涨维持其高额利润。

1. 土地市场的垄断导致房地产成本增长，进而抬高房价

我国《土地管理法》规定，我国的土地市场分为两类三级。由于我国实行的是土地公有制，因此，以让渡土地使用权为主要内容的土地市场是我国最重要的土地市场，是开发商获取开发土地来源的主要市场。在这类市场中，可以划分为三级。其中，土地一级市场是由政

① 魏后凯，李景国. 中国房地产发展报告No.9[M]. 北京：社会科学文献出版社，2012.

府高度垄断的，即国家通过其指定的政府部门将城镇国有土地或将农村集体土地征用为国有土地后出让给开发商等土地使用者。

我国城市土地归政府所有，对土地资源的控制和政府部门对开发权的特许是形成垄断的重要条件。随着人口的增长和经济的发展，我国土地资源稀缺性问题日益突出，地价持续快速上升。2011 年，全国地价水平稳步上升，以 2000 年为基期，2011 年住宅地价定基指数仍保持最高。大量高价土地的出让使得房价预期完全改变。高地价抬高了商品房的成本，不得不进一步推高房价。而且，近几年政府出让的土地中有许多未及时得到开发，不能变成有效供应，造成房地产市场供不应求局面的产生，加剧了房价的再度上涨。

2002 年以后，政府推出了土地市场化改革方案，土地使用权转让采取“招、拍、挂”方式。从形式上看，土地出让方式是市场化的，但是，由于政府垄断土地，土地供应指标（土地供应量）并没有市场化。这种以改变土地供应方式的市场化改革实际上为地方政府操纵土地价格提供了合法手段和途径，使地方政府可以在合理外衣的掩护下高价出让土地来获取高额的土地出让金。这是房价越调越高的主要原因之一。

2006 年，全国土地出让面积、出让价款显著增长。全国共出让土地面积 23.25 公顷，出让价款 7 676.89 亿元，同比分别增长 40.4%和 30.5%。其中招标挂牌出让面积 6.65 万公顷，出让价款 5 492.09 亿元，分别增长 16.3%和 30.9%。[①]同时，根据国土资源部的数据，2012 年，从全国重点监测城市的地价增长率来看，东部地区商业地价、工业地价增长率最高，分别为 12.5%和 5.61%，高于全国及其他两个地区平均水平；住宅地价增长率则是西部地区最高，为 7.89%，高于全国及其他两个地区平均水平。

2. 房产供给市场趋于垄断

与土地一级市场高度垄断相联系的是房产供给市场的日趋垄断。

① 牛凤瑞，李景国. 中国房地产发展报告 No.5[M]. 北京：社会科学文献出版社，2008.

获取土地开发权是房地产开发的基础和关键。但是，因为土地一级市场的高度垄断，开发商要想获得土地开发权是很困难的。尤其是在对房地产市场调控逐渐升温的环境下，土地资源日趋稀缺，单宗出让地块面积越来越大（城市政府基于城市整体规划的考虑，出让的单宗地块面积越来越大，单宗土地交易总地价越来越高），获取土地的环节日益增多，成本日益上涨，实力弱小的开发商要获得土地开发权的难度也就越来越大。毫无疑问，这就使商业用地开发权逐渐向实力强劲的少数开发商手中集中，造成了房产供给市场的相对垄断。

土地出让和房地产开发相关政策是对房地产开发市场的规范，但同时也把房地产开发权利集中到了少数大房地产开发商手里。开发商对商品房供应方式的垄断则减少了房地产品的供应弹性，在利润最大化的行为驱使下，开发商操纵、控制价格，通过减少住房供给或者直接的垄断定价，使房地产价格愈来愈高。

土地、房产供给市场的垄断及其恶性循环，不仅导致高房价，而且也引致大量的“寻租”活动和社会福利净损失。对房地产开发企业来说，为了获得土地资源，也有动机向政府官员进行政治行贿。所以在房地产市场上，地方政府和房地产开发企业之间存在着错综复杂、千丝万缕的联系，成为利益的共同体。房地产市场政商一体化形成的必然结果是导致房地产市场的区域性垄断的重要原因，在区域性的房地产市场上，只有和地方政府关系紧密的房地产开发企业才有机会取得土地，进入市场。房地产区域市场存在进入障碍，使房地产市场缺乏足够的竞争，优势企业不能淘汰劣势企业，企业运营成本居高不下。而房地产市场的区域垄断性又使得房地产开发企业有相当的价格决定权。这就是房价节节攀升、居高不下的一个重要内在运行机制。

3. 房地产开发成本的增长

在房地产开发中，获取土地开发权的成本、建安造价、资金成本、劳动力成本等是构成房地产总成本的主要部分。随着经济形势的变化和物价的上涨，各项开发成本均呈明显的上升趋势。

（1）土地总成本上升。土地成本主要包括土地出让金和以拆迁安置补偿等为主的其他土地费用。

土地价格上涨是房价上涨的重要因素。卖地收入是各级政府财政收入的主要来源之一，因此，政府可以通过对土地所有权的垄断来进行垄断趋高定价，同时又可以通过限定土地交易形式来达到最高售价。自2002年我国实施土地交易方式改革后，交易方式主要有招标出让、拍卖出让以及挂牌出让等方式。每种土地交易方式都有其优劣，分别适用于不同的土地交易类型和交易过程。至于选择何种土地交易进行具体地块的出让，这完全是由政府站在最有利于自身利益最大化的立场来进行。就目前来看，各地土地使用权的出让多半是通过拍卖实现的，因为拍卖方式往往能使售价达到最高。本来拍卖方式是市场化程度极高的商品交易方式，其优点在于参与买家众多，交易程序公开透明，保证了交易的竞争性和公平、公开、公正性。但是，就土地交易来说，其缺点也是十分明显的：第一，因为买家众多，竞争激烈，推高了土地交易价格；第二，因为竞买叫价间隔时间短，在现场拍卖气氛的影响下，非理智的报价时有出现。因此，这种出让方式对土地价格的上涨起了助推的作用。

土地出让过程也是一个博弈的过程。在土地交易中既体现了当地政府和房地产开发商之间的博弈，也体现了各个开发商之间的博弈。在这种博弈中，土地价格逐年上涨。如北京、上海、杭州等地2007年第三季度出让地块的楼面地价加上当地建安成本后的价格，已超过了同地段在售商品住房项目的销售价格。

与此同时，由于土地资源具有稀缺性，为了防止农业用地不足而影响到关系中国人民吃饭问题的农业产业的发展，国家对农业用地采取了严格的保护政策。在土地量一定的情况下，国家对农业用地的保护必然带来房地产开发用地的减少。近些年来国家控制土地供应政策的陆续出台，使建设用地受到严格控制，土地获取的难度和成本不断加大，再加上一些开发商囤积土地，更加加剧了土地供应的紧张。在供给和需求的相互作用下，土地市场价格不断攀升，对房价造成了较大影响。“2011 年全国主要监测城市地价水平稳步上升，综合地价水平值为 3 049 元/平方米。2011 年全国主要监测城市综合地价增长率为 5.94%，全国重点监测城市综合地价增长率为 6.74%。全国重点监测城市中，东部地区各用途地价水平值最高，且均高于全国平均水平，综合地价平均达 6 129 元/平方米。”[①]土地出让金也从 2010 年的 2.7 万亿上升到 2011 年的 3.15 万亿，创历史新高。

（2）原材料价格上涨导致建安造价上升。

随着国民经济持续高速发展，居民生活方式和生活质量发生了很大的变化，社会需求的增加带动了基础行业的投资，引起钢筋、水泥、涂料等原材料价格上涨，助推了房价的不断上升。特别是全球性的基础性资源价格上涨，导致国内物价全面上涨，从而直接影响到房地产原材料价格的上涨。

（3）融资成本上升推动房价上涨。

首先，政策环境的变化使开发企业的融资成本上升。房地产开发企业融资成本主要包括资金利息成本和为获得银行等金融机构贷款权而支付的公关费用等成本。在最近几年国家不断加大对房地产业调控力度、中国人民银行不断提高存款准备金率、严控对房地产业的放贷等政策大环境下，开发商获取开发资金的难度进一步提高，融资成本不断上升。房地产开发企业的资金来源虽然是多元化的，但研究表明，房地产开发企业的资金来源中，除自筹资金外，主要是国内银行贷款和房地产预售款，而房地产预售款中有很大部分是消费者按揭贷款，也是来自银行的资金。在自筹资金中也仅有 16%左右是房地产开发企业的自有资金。总的来说，房地产开发企业有三分之一以上的资金是来自银行贷款，国家对货币相关政策的调控对开发商的开发成本有着重要的影响。2011 年，央行一年

① 牛凤瑞，李景国. 中国房地产发展报告 No.5[M]. 北京：社会科学文献出版社，2008.

内加息 3 次，上调存款准备金率 6 次，货币政策的紧缩，使得房地产融资雪上加霜。在政府不断调高银行利率的过程中，房地产开发企业的融资成本随之上升。开发成本的增加必然引起房地产开发企业抬高房价。

其次，融资总成本的上升也是和开发规模的扩大、融资总额的增长分不开的。在以前，每一个房地产开发项目的规模较小，而且房屋预售时间较早、预售资金较多（在开发建设之初，甚至土地刚刚到手之时就可以预售），因而对于一个具体的开发项目来说，融资总额较少，融资压力较少。而现在则不同，一是单一开发项目规模大，二是国家对预售期的延后，使得每一个建设项目的融资总额增大，融资总额和融资总成本上升。

再次，单一的投融资机制也会推动融资成本上涨和房价上涨。

房地产开发企业的资金主要来自银行等金融机构，这是不争的事实。开发商这种单一的融资渠道加剧了银行对开发资金的垄断，加深了开发商对银行的依附程度，因此，毫无疑问会增加贷款的附属条件，加大开发商的融资成本。

另一方面，由于房地产开发资金和消费者购房资金中的大部分都是从银行等金融机构贷款而来，出于对贷款资金安全性的考虑，商业银行总是希望房价上涨。因为如果房价停止上涨，贷出资金就会出现还贷风险。美国次危机已经很好地证明了这一点。从购房者的角度看，为了体现购房决策的正确性和所购房屋资产的保值增值性，也希望房价上涨（只有有购房需求的人才期望房价下降）。所以，如果国家缺少正确的舆论引导，这种不期望房价下跌的心理愿景会在很大程度上对房价上涨起助长作用。

（4）人力成本的逐年上涨。

改革开放后的几十年中，我国经济的快速发展是和我国处于人口红利窗口期分不开的。但是，随着人口的老龄化，被抚养人口比例的上升，我国的人口红利期即将逝去，推领经济发展的人力因素变得严峻起来。在这一人口结构调整、经济转型的过程中，人力成本不断增长，不可避免地会深深地影响到以劳动密集型为主要特征的房地产行业。

我国人力成本上涨的原因很多。第一，随着社会被抚养总人口比例的增大，附着在单个人力上的必要劳动时间增多，必然导致劳动力个体要求增加工薪，提高工资水平，进而导致人力成本增长。第二，随着我国经济社会的发展，中国成为全球第二大经济体，人均 GDP 达到中等国家水平，劳动力个人用于教育、培训、健康等方面为促进劳动力自身劳动效率的投资增长迅速，导致劳动力成本上涨。第三，与劳动力个体接受教育、培训等的数量和质量的增加相一致的是劳动力个体劳动效率的增长。劳动效率的增长意味着创造出更多的劳动价值，因而也在一定程度上影响劳动力成本的上涨。第四，物价的普遍上涨，生活开支加大，维持人力自身生命的成本投入增加，导致人力成本上升。

房地产人力成本的上涨不仅表现在建筑施工环节，也表现在房地产开发管理环节、销售环节和物业管理环节。

（5）房地产管理机会成本上升。

在房地产开发经营过程中，从可行性论证到立项规划，再到开发建设、销售经营，房地产品从设计、规划到经过市场交易到达消费者手中，时间跨度很长。特别是在项目开发前期阶段和开发建设阶段，经历的环节很多，办证手续、申报审批程序繁多。2013 年初，媒体报道了在今年初召开的广州市政协十二届二次会议上，广州市政协常委绘制的一幅投资项目审批流程“万里长征图”的事件。此图的绘制人曹志伟在会议当场向广州市委书记万庆良、市长陈建华陈述了行政审批流程的弊端：“一个投资项目从立项到审批，要跑 20 个厅局、53 个处室，盖 108 个章，需要 799 个审批工作日。”广州市项目审批“万里长征图”仅仅是全国房地产投资项目审批环节过多、耗时过长的一个缩影。房地产项目审批部门多、时间跨度长，使房地产成本增大，因为：一方面，审批的机构越多，开发商的公关费用就可能越高；另一方面，时间跨度越长，不仅资金利息增加，而且开发商时间机会成本也越高。而这些成本最终都会反映到终端房价中，转移到消费者身上。

4. 房地产市场供给结构失调

房地产市场供给结构失调也是导致房价上涨的一个重要因素。我国的房地产市场供给结构不合理，主要表现在以下三个方面：

第一，房地产二级市场发展缓慢，二手房供给短缺。就住宅市场来说，房地产二级市场（二手房市场）是一级市场的延续和有效补充，完善二级市场不仅能够实现存量和增量市场的联动，进一步搞活房地产市场，也能够促进住宅资源的合理使用，满足不同层次居民的购房需求。但由于住宅产权不明晰、中介不成熟、手续繁杂等原因，我国的住宅二级市场发展存在严重的不足。二手房市场没有真正发展起来，需求都被挤压到了住宅一级市场，造成了住宅一级市场房价的持续攀升。

第二，房屋租赁市场还不够完善，可供租赁的房屋有限且提供房屋租赁的中介市场不规范，大多数居民还只能通过买房解决居住问题。作为住宅市场体系重要的组成部分的住宅租赁市场在我国也没有很好地发展起来。流动人口的大量存在，决定了住宅租赁市场的需求旺盛。而我国当前的住宅租赁市场管理极不规范，租金也不合理。租赁市场的低效导致多数居民只能通过购房实现住房需求，无疑导致了房地产一级市场的需求过度旺盛，从而也助推了住宅一级市场房价的攀升。

第三，房地产一级市场中，中低档住房比重偏低，保障性住房所占比重小，高档商品房比重偏高，住房超前消费现象十分突出。我国房地产一级市场上，面向中低消费阶层的中低档住房比重偏低。仅“2007 年 1~10 月，全国商品住宅竣工面积 2.32 亿平方米，同比增长 8.8%，销售面积 4.89 亿平方米，同比增长 33.1%；销售面积是竣工面积的 2.11 倍，供给增长明显赶不上需求增长”。[①]同时，全国商品住宅施工面积、竣工面积同比分别增长，但是经济适用房却分别下降。这造成了真正有居住需要的、占社会人群大多数的中低

① 牛凤瑞，李景国. 中国房地产发展报告 No.5[M]. 北京：社会科学文献出版社，2008.

收入居民的住房问题得不到解决，而房地产投资、投机市场却大行其道，导致了需求结构和供给结构的错位，有效供给不足继续扩大。根据商品价值规律，在一定时期内，商品市场的供不应求局面必然导致价格的上升，从而促使房价不断上涨。

（二）房地产需求市场方面因素

在市场经济环境中，商品价格不再由计划经济时期的成本加利润决定，而是由商品供求关系决定，所以房地产的价格归根结底是由供求关系决定的。虽然房地产这个复杂的商品市场受国家政策的影响很大，但是人们对房子的需求才是决定房价的根本因素。因此，当前一些城市房价上涨，其根本原因还在于这些城市的房地产需求大于供给。当一个市场的需求大于供给时，价格必然上涨。

“房地产需求是指消费者在特定时间内，在一定的价格水平上，愿意购买而且具有支付能力的房地产商品量。”形成需求有两个条件：一是消费者有意愿购买，二是消费者有能力购买。从短期看，房产的价格更多地取决于需求数量而不是供应数量。

历年来，我国房地产市场的供需比例都不平衡。下面一组数据可以反映出我国房地产市场需大于求的刚性的一面。2005 年全国商品房竣工面积为 4.9 亿平方米，销售面积为 5.58 亿平方米，商品住宅竣工面积为 4.0 亿平方米，同期商品住宅销售面积 4.98 亿平方米，商品住宅供需比为 1∶1.245，处于供不应求的状况。2006 年商品住宅的供需比为 1∶1.66。2007 年一月到四月，全国商品房竣工面积 8 712 万平方米，同比增长 10.4%，商品住宅竣工面积 7 023 万平方米，同比增长 9.9%。相应的，商品房销售面积 1.58 亿平方米，增长 16.4%，销售商品住宅 1.42 亿平方米，增长 16.6%。商品住宅的供需比为 1∶2.25。

一般来说，影响房地产市场需求的主要因素包括：人口因素、国民经济发展水平、居民收入水平和消费结构、房地产的价格水平、城市化水平、国家有关政策、消费者对未来的预期、消费偏好等。

1．人口因素

人口是决定住宅、商业等房地产需求量的根本因素。人口数量、人口素质和家庭人口规模等状况都会引起对房地产需求的改变。人口基数庞大、家庭数量增长，是我国房地产市场得以持续发展的市场基础，是决定我国房地产需求市场刚性化的关键。

（1）城镇人口数量的增长。

房地产价格，特别是住宅价格，与人口数量有着密切的关系。按照人口代际增长规律，由于20世纪六七十年代人口的快速增长，我国在“十一五”期间迎来第四次人口增长的高峰期。人口的增长，必然导致对房地产需求的增长。特别是在最近十来年快速城市化的推动之下，城市化步伐极快，城镇人口迅速膨胀。根据2012年8月17日国家统计局发布的报告看，十六大以来，我国城镇化发展迅速，年均城镇化率增长速度达到1.35个百分点，城镇人口平均每年增长2 096万人。到2011年，我国城镇人口比重达到51.27%（见表2.1），比2002年上升了12.18个百分点，城镇人口达到6.9亿人，比2002年增加了1.887亿人。

由于城市人口的迅速增加，外来人口购房需求增大。资料显示，北京、南京、大连等市销售的商品住房中，1/3左右为外地人购买[①]。城镇人口的增加和膨胀，产生了巨大的住房需求。因此，房地产价格随着对其需求的上升而上涨。

表2.1 2002～2011年全国城镇人口比重

年份	城镇人口数/万人	城镇人口比重/%	比重比上年提高/%
2002	50 212	39.09	1.43
2003	52 376	40.53	1.44
2004	54 283	41.76	1.23

① 中国房地产业协会产业与市场研究专业委员会，中国指数研究院. 2007上半年中国房地产市场研究报告[R]. 2007-8.

续表 2.1

年份	城镇人口数/万人	城镇人口比重/%	比重比上年提高/%
2005	56 212	42.99	1.23
2006	58 288	44.34	1.35
2007	60 633	45.89	1.55
2008	62 403	46.99	1.10
2009	64 512	48.34	1.35
2010	66 978	49.95	1.61
2011	69 079	51.27	1.32

（数据来源：《中国统计年鉴》）

（2）人口素质的变化。

社会文明程度、居民的教育及生活水平的变化，也会引起房地产价格的变动。随着生产力的发展和全体人民物质生活和文化生活水平的提高，人们围绕自身素质发展的需要，对自我居住条件的要求也越来越高，在居住的舒适性、安全性、便利性等方面越来越讲究，特别是在对住房功能的要求上与以前相比有了很大的不同。比如，为了满足自己和子女学习需要，要求有书房；为了家庭成员在紧张繁忙的工作闲暇能放松，浴室需要有冲浪按摩设施；为了降低家务劳动强度，需要更大的居住空间安放洗衣机等各种电器设施。因此，作为居民所购买的单一住房来说，每套住房为了实现为满足舒适性、安全性、便利性要求而增加的使用功能，建筑面积增大，进而导致购房总面积增大，市场总需求量增大。

与此同时，居民不仅简单地追求自我居住条件的改善，也对与居住相关的社会公共产品的数量和质量有了新的要求。这就要求政府增大对相关公共产品的投入，特别是增大对附着在土地之上的基础设施的投入，而这些公共产品投入最终又都会转移到地价之中。所以，无论是从因为满足人口素质的发展导致的对居住条件的改善，还是从人们对公共产品需求增长的情况来看，都足以增加对房地产（包括数量和质量两个方面）的需求，从而推动房地产价格升高。

（3）家庭户数和家庭规模的变化。

社会总家庭规模与社会总住房价格变化成负相关关系。因为，家庭规模越大，社会总家庭数越少，对住房的总需求就越少，与房价的上涨是反向的。反之，家庭数量与房价则成正相关关系，家庭户数越多，对房屋的总需求量就越大，就会推动房价上涨。随着经济的发展和人们生活观念的改变，传统的大家庭逐渐减少，出现了家庭小型化趋向，核心型家庭成为了我国最重要的家庭类型。根据对我国近十年来统计年鉴家庭规模统计数据的分析不难发现，我国家庭户数越来越多，家庭人口平均规模越来越小（见表 2.2），出现了家庭类型核心化趋势。根据 2000 年我国人口普查数据，当年我国家庭户数为 34 837 万户（不包括集体户，下同），全国家庭平均人口规模为 3.44 人，到 2010 年第六次人口普查之时，全国家庭户数增长到 40 152 万户，家庭平均人口规模降低为 3.10 人。家庭规模的缩小、家庭总户数的增长必然导致对住宅类房地产需求的增大。从供需理论来看，这也就必然推动房地产价格的上涨。

表 2.2　2003～2010 年全国家庭平均人口规模

年份	全国家庭平均人数/人
2003	3.38
2004	3.36
2005	3.13
2006	3.17
2007	3.17
2008	3.16
2009	3.15
2010	3.10

（数据来源：《中国统计年鉴—2012》）

2. 消费者心理预期因素

心理预期对房地产价格的影响不容忽视。物价水平、利率、汇率、国家政策，以及传统观念等因素都会对人们的心理预期产生一定的影响。随着城市化进程的步伐不断加快，投资、生产活动活跃，对厂房、写字楼、商店、住宅和各种娱乐设施等的需求增加，势必会引起房地产价格上涨，尤其是地价上涨，从而给购房者的心理造成一种涨价的恐慌，导致购房者在同一时期内扎堆购买的现象，在这种需求的带动下，房价上涨。

在房地产的购买、消费甚至投资中，人们会形成对房地产价格的预期，这一预期包含着对住宅需求的预期。需求预期与价格预期的正向反馈导致价格的上涨预期形成了自我强化。在投资者个人非理性的从众、跟风行为助长之下，房地产的价格在心理预期作用下不断攀升。

另外，国家对货币、利率等政策实施的宏观调控对人们的心理预期也会产生一定影响。利率除了影响房地产开发投资利息外，也会增加需求者购房的负担，还会影响需求者对房地产预期价值的判断。政策因素则通过利率、税种和税率等工具以及消费者预期来影响房地产的供需，从而影响房地产价格。当房地产价格上涨时，消费型购买者预期将来购买会带来更大的支出，投资型购买者希望资产的持有会带来更大的增值，于是争相购买，推动价格继续上升。

因此，人们在某一时期所形成的对房地产价格的心理预期会增加短期内的购房量，在供给一定的情况下，需求的增长势必对房价的上涨起到推波助澜的作用。

3. 通货膨胀因素

由于房地产品具有保值增值的特性，所以投资购房是抵御通货膨胀的一个很好的途径。越是在物价上涨的时期，房地产越能体现其保值性，也就是说，在物价上涨的时期里，持有房产是比较理想和安全的。正因为这样，真实的通胀率和预期的通胀率一般会对房价产生正面的影响。通胀率越高，人们对房地产的投资就越多，房价上涨的速度也就越快。随着人们日益提高的物质文化水平，对房产的购买力增强，需求的增加与人们对货币所持的保值增值的预期下降使得房价不断高升。

4. 城镇居民人均可支配收入的增长导致购买力增强

城镇居民的收入水平是衡量居民购买力的重要指标，同时也是支撑房地产价格高企的重要因素。近年来，我国城镇居民人均收入增长迅速。1991 年，我国城镇居民家庭人均可支配收入为 1 700 元人民币，2001 年为 6 859.6 元，到 2011 年达到 21 809.8 元。[①]城镇居民人均可支配收入的增加一定程度上对房价的上涨起到推动作用。

5. 投资、投机性需求对房价的助推

随着我国国民人均收入的增长，在中国这样一个很注重节约和积累的国度，家庭和个人财富不断累积。而家庭财富的增长，特别是可支配闲钱的增加，在通货膨胀的压力之下，为实现家庭和个人资产的保值和增值，必然需要寻找投资理财的渠道。但是，就目前来看最佳的投资渠道是投资房地产，因为房地产具有保值增值抵御通胀的作用。所以，在家庭闲余资金的保值增值效应驱动下的投资和投机行为，从另一个侧面助长了房地产价格的上涨。

（三）政策性因素

政策层面也存在着影响我国房地产价格上涨的因素。

1. 政策不稳定导致房价波动大

为了应对这几年的房价过快增长，虽然中央政府想尽了办法，也出台了一系列规章，但是最终效果不尽如人意。这不得不说是与政府的政策不稳定，政策思路不连贯、不一致有关。

一方面，从中央政府的层面看，由于国际国内经济形势的复杂

① 中华人民共和国统计局. 中国统计年鉴—2012[M]. 北京：中国统计出版社. 2012.

多变，中央政府所制定的抑制调控政策不得不受制于这种大的经济背景而显得时而犹豫，时而矛盾，时而严厉，时而宽松。这种政策的不稳定性会影响到房地产市场，特别是直接导致消费者的心理预期不稳定，致使广大消费者认为房价在因抑制而走低之后必然会再度因为政策松动而强劲反弹，于是放弃观望，出手购房，从而进一步助推房价疯狂上涨。从 2003 年至今，我国房地产市场的变化情况已反复证明了这一点。

另一方面，从地方政府的角度看，为了地方区域利益，一些地方政府对中央政府所制定的房地产调控政策往往不能及时或者全面实施，有的甚至出台一些抵触的政策，这就在很大程度上减弱或抵消了中央房地产调控政策的效果。各地方政府出台的这些政策主要包括减免购房契税或退税、调整首套房贷利率、改变普通住房价格标准、提高公积金贷款额度、重启购房入户政策、补贴首次置业、放松限购条件、松绑土地市场等等。这种“上有政策，下有对策”的局面导致中央对房地产实施的宏观调控政策有时候成为纸上谈兵。

中央政策的不稳定性、中央与地方政府政策的不一致性，是导致我国房价不断上涨、价格不稳定的重要原因之一。

2. 投资渠道狭窄导致逐利性资本大量进入房地产行业，助推房价上涨

随着我国 GDP 总量超越日本成为仅次于美国的世界第二大经济体，国民人均 GDP 超过 5 000 美元，在中国这样一个很注重节约和积累的国度，家庭和个人财富不断累积。据 2001 年中国统计年鉴的数据，居民人民币储蓄存款从 2001 年的 73 762.4 亿元迅速上升到 2010 年的 303 302.5 亿元，其中还不包括家庭股票、黄金等可变现性资产。家庭财富的增长，特别是可调配闲钱的增加，在通货膨胀的压力之下，为实现家庭和个人资产的保值和增值，必然需要寻找投资理财的渠道。

但是，在目前，一方面受制于许多居民的理财投资水平，另一方面受制于投资渠道数量少的客观条件，对于绝大多数居民来

说，只能选择投资房地产。因为，在有限的、投资壁垒较少、广大居民能够参与的投资渠道中，股票证券的投资风险太大，文化产品（如古董等）的投资技术性要求又太高，因而只有房地产投资才是大家都看得清楚、风险较小的渠道。以温州炒房团为代表的民间游资炒房现象正好说明了这一点。所以，在家庭闲余资金的保值增值效应驱动下的投资和投机行为，从另一个侧面助长了房地产价格的上涨。

（四）房地产产品、市场特性因素

房价的上涨除了受供给和需求等因素的影响外，还受其他多种因素的影响。其中，各级市场主体对房地产品的垄断性定价是重要原因之一。

房地产具有一个重要的物质属性，那就是不可再生性、稀缺性。这就为房地产品的垄断定价提供了可能。

在我国，土地、房产等产品的垄断定价主要存在于两个环节，一是政府土地出让环节，一是开发商销售环节。

1. 土地稀缺性及土地垄断定价

土地是稀缺且不可再生性资源，在实行土地国有制的国家，土地市场是高度垄断的市场。所以，土地这种有限的稀缺性资源的交易流通往往是很难通过市场机制予以定价的。政府可以通过一定程度的垄断定价（就低定价）征用土地，也可以通过一定程度的垄断定价（就高定价）出让土地。可以说，房产市场放开而土地市场不放开，是导致目前我国商品房价格居高不下的原因之一。

2. 房地产产业壁垒使行业竞争减弱，形成房产垄断定价

房地产产业是一个特殊的行业，产业壁垒较高，是垄断性较高的行业。房地产行业之所以是一个进入障碍较高的行业，主要是因为：

第一，规模经济的要求高，对资金等资源的要求多。

第二，产品的产异化程度高。房地产品是一种标准化程度很低、产异化程度很高的商品。房地产行业所提供的这种差异化产品使房地产商可以根据其开发房地产的质量、款式、性能、销售服务、信息提供和消费者偏好等方面存在的差异性而进行差别定价，从而为房地产商制定垄断价格提供条件。

第三，房地产投资项目开发规模大、开发周期长、变现能力差，因此产业退出障碍也很高。退出障碍也会在一定程度上影响进入障碍，进而使产业竞争减弱。

第四，市场信息不对称。房地产市场是一个信息不对称的市场，作为消费者，对诸如开发成本、同类产品价格等市场信息的了解和掌握始终是有限的。而房地产商则可以通过诸多渠道获得更多的市场信息。这种信息的不对称进一步增强了其优势地位，为其进行垄断定价奠定了基础。一个显著的事实是，我国房地产价格在很大程度上由少数开发商决定，即少数开发商凭借其所处的垄断地位，结成价格联盟，掌握市场话语权，通过发布虚假广告来夸大需求，通过囤积房屋、抬价销售等手段制造供给紧张假象，从而达到哄抬房价的目的。目前，我国还没有一个统一的、规范的房地产市场信息披露制度，各政府部门相互独立，信息之间互相矛盾的情况时有发生。另一方面，少数开发商与中介机构联手谎报商品房销售进度，发布不实价格信息，恶意哄抬房价；有的开发商囤积土地、囤积房源，人为制造市场紧张，诱发房价短期内非正常上涨。这种虚假信息，严重误导了广大居民的市场预期，造成了部分消费者的恐慌心理，盲目跟进。不少开发商故意放慢开发建设和销售进度，制造排队抢购、火爆热销的局面，加剧了房地产市场的供需矛盾，刺激了房价的进一步上涨。

毫无疑问，产业壁垒的形成，阻碍了未来的卖家进入，使供给市场主体竞争减弱，垄断加大。在企业逐利本性的驱使下，垄断的形成必然导致高房价的出现。

3. 房地产品的耐久性使其成为使用时间久、物质寿命长的耐用品

与易耗品不同，开发企业在对作为耐用品的房地产品定价时，往往采取撇脂定价策略而不会采取薄利多销的定价策略，而对这种企业行为政府是很难进行控制的。因此，这也会在相当程度上导致高房价的出现。

4. 房地产产品功能的延展性使房地产需求市场边界扩大，需求增加，进而使房地产价格上涨

房地产产品不仅是人们赖以生存的消费品，同时又是具有保值增值性的投资品。由于房地产品功能的不断延展，产品的多功能性使房地产市场上存在着一种反供求规律的特殊现象。对于一般商品来讲，其功能主要是满足消费者某一个方面的需求，消费市场群体是单一的，市场范围、市场边界是清晰的。这种产品市场需求的增大，价格的上升，主要是因为单一市场的消费需求增加所致。但房地产市场则不同，由于房地产产品不仅具有居住消费品的功能，还可以延展为具有保值增值作用的投资品功能、财富象征功能、家庭和个人地位提升功能等，因此，房地产品的需求不仅仅来源于居住消费需求市场，还来源于投资需求等众多需求市场。多个需求市场的需求叠加，必然使需求量增加，房地产市场出现供小于求、房价上涨的局面。

（五）其他因素

除了以上所分析的因素之外，还有其他一些因素也会从一定的侧面在一定程度上影响房地产价格的上涨。

1. 人民币升值和外资的流入加剧房地产价格的上升

近年来，世界范围内资金流动性过剩问题凸显，资本跨国流动活跃，国内房价保持的高涨势头使境外资金对中国的房地产开发垂

涎三尺，期望投资房地产可以获取高额的投资回报，同时在人民币升值预期的作用下，大量的国外游资涌入中国。这些游资在等待人民币升值的时间里，大量地潜伏在房地产市场，特别是潜伏在房地产需求市场。据国家统计局统计，2006 年外资进入国内房地产开发的资金达到 394 亿元，同比增长 53%。2007 年 1 ~ 11 月，全国房地产开发企业资金为 32 043 亿元，其中利用外资 539 亿元，增长率高达 72%。

外资对房地产市场产生影响，助推房价上涨，主要有四种表现形式：第一，国外游资进入房地产开发市场。在开发市场，外资在土地取得和房地产开发方面利用资本优势推动竞拍地价上涨，从而影响到房价。第二，外资利用资本力量可以获得更多、更大、更佳的土地，并通过延迟开发周期获得土地增值，这也会影响到房地产市场的有效供给，导致房价上升。第三，外资开发的多是高档商品房，高档商品房的价格在供不应求的市场中的上涨，会带动其他房屋价格上涨。第四，在房地产消费市场，外资为获得利差收益，通过直接炒买炒卖房地产品，推动房价上涨。

2. 中国传统思想的影响

受几千年来传统思想的影响，国人总认为“有房才有家”，“有家业就是有房产”，没有房就形同漂泊，像无根浮萍。这一思想根深蒂固，一直影响、左右着国人。受这一传统思想的影响，人们在成年后，都为有房而奋斗，所以产生了大批的“房奴”，导致了刚性需求的大量增加，也在一定程度上促进了房价的上涨。

二、抑制房地产价格的意义

房地产是构成整个社会财富的重要内容，它的发展又是推动工业化和城镇化的重要力量。因此，房地产业对国民经济和社会发展具有多方面的、长远的影响。房价过高不仅严重影响居民生活和社会稳定，而且容易引发金融危机、经济危机，甚至社会危机。

温家宝在2012年政府工作报告中再次强调："要巩固房地产市场调控成果，继续严格执行并逐步完善抑制投机投资性需求的政策措施，促进房价合理回归"。从2009年楼市调控以来，温总理5次明确提及"促进房价合理回归"。可见，房价是关乎国计民生的重大问题，对房价的适度合理的抑制势在必行。因此，完善我国房地产价格形成机制，对房地产市场主体进行利益协调，抑制房地产价格的上涨具有十分重要的现实意义。

（一）抑制房地产价格上涨可以促进房地产市场的健康、可持续发展

随着国家一系列政策和措施的实施，房地产调控取得了初步成效，但也存在一系列问题，比如：地方政府房价控制目标与社会预期存在较大落差；调控政策与民生性自住房需求的解决有一定差距；保障性住房融资与管理机制不健全；开发企业对政策及市场敏感性差，中小企业面临倒闭或被并购，行业集中度提高，市场垄断可能性加大；房地产中介咨询服务市场发展滞后；等等。这些问题的产生不利于房地产业的稳定、健康、可持续发展，同时会对房价的上升产生一定的影响，殃及民生问题。

房价过高、上涨过快不仅对实体经济和整个社会带来危害，也对房地产业自身的发展带来损害。首先，过高的房价和过快的房价上涨造成的高额收益预期会极大地刺激企业短期行为，不仅浪费产业发展必需的社会资源，也会损害产业形象。第二，在高房价、高利润、高成长的房地产业表象掩盖下，过高的房价和过快的房价上涨不仅造成产业资源的严重浪费，更造成产业效率低下，进而阻碍产业创新。第三，过高的房价和过快的房价上涨会使产业需求市场的良性培育遭到破坏。在短期房价迅速上涨的担忧下，会造成消费者非理智地抢购房屋，产生提前消费行为，当这种行为在一个市场

普遍而较长时间存在时，就会累积成为市场未来的需求空洞，削弱产业发展的内生动力，损害房地产业的可持续发展。

1987 年布伦特兰委员会提出了房地产市场可持续发展的两项基本原则："第一是需求性原则，即为满足人类生存需要特别是穷人生存的需要，追求发展是无可置疑的；第二是限制性原则，即由于经济、社会和环境等发展系统和技术、体制及观念等能力的限制，发展必须讲求理性和适度。"[①]可见，近些年来，我国房地产业的发展正在违背这种原则，房价的过快上涨不断刺激开发商进行掠夺式的房地产开发，从而导致整个经济、社会及环境等方面的不可持续发展。

在目前形势下，房地产市场需要快速发展但绝不能盲目发展。当今，我国房地产业和建筑业占 GDP 的比重超过 10%，占固定资产投资的比重超过 20%，上下游的相关产业在其强劲拉动下快速发展，房地产已经成为国民经济的重要支柱产业。我国房地产经济的发展是一项赶超型的现代化工程，需要保持较高的增长速度，但其增长必须讲求节奏，讲究理性和适度，"重点不在于一般的如何增加资源、如何提高收入、如何更好地将资源转换成收入，而在于提高整个社会将资源和收入转换成福祉的效率"。这种理念对于房地产市场实现真正意义上的持续、快速和健康的发展有着非常重要的指导意义。

当每一个局部主体在发展中都追求各自的利益最大化时，这样发展的结果很可能使整体和长远的发展利益遭到破坏。当每个局部主体都从整体和长远的利益来考虑，适当的节制各自对利益最大化的欲求时，则发展的结果反而使每个局部主体都获得了较好的发展回报。当前，一个重要问题是要限制开发商们的自然垄断地位。另外，房地产业长期的超额利润现象也不利于自身的可持续发展。因此，抑制房价的过快增长与协调政府、开发商等房地产业各主体之间的利益关系，放弃短期和局部利益，注重长期和整体利益，对房地产市场的稳定与可持续发展有着十分重要的意义。

① 牛凤瑞.中国房地产发展报告 NO.4[M]. 北京：社会科学文献出版社，2007.

（二）抑制房地产价格上涨使房价回归合理水平，有利于国民经济的稳定持续增长

在2012年政府工作报告中，温家宝对房地产市场调控政策用了“稳定”二字，要求“促进房地产市场平稳健康发展”。温家宝强调，“要稳定房地产市场调控政策，严格实施差别化住房信贷、税收政策和限购政策，采取有效措施增加普通商品房供给，继续推进保障性安居工程建设，促进房地产市场平稳健康发展。”房地产业的发展状况关乎国民经济的发展未来，其在国民经济发展中起着越来越重要的作用。房地产业是国民经济的支柱性产业，我国的城市化进程决定了房地产行业在未来相当长一段时间仍将繁荣发展。房地产业的重要性决定于房地产的重要性。房地产为整个社会经济、社会活动的开展提供了重要的和基本的构成要素。房地产是一切产业部门不可或缺的空间物质条件和载体，是生产经营活动开展的必要条件和依托。几乎所有的经济活动都离不开土地和房屋这些基本的物质要素。没有道路、厂房、商业大厦、宾馆和写字楼，工商业活动就难以进行。这就确定了房地产业的基础性地位。

然而，房地产价格的高速增长必将导致其他产业部门的基础成本增长，社会总的生活、生产成本增加，进而损害我国实体经济的发展。同时，目前国内出现的居民超前消费购买住房的现象，导致市场经济泡沫增多，给国民经济的持续稳定发展带来风险。因此，抑制房地产价格的上涨，使房价回归合理水平，有利于整个国民经济的稳定持续增长。

（三）抑制房地产价格有利于土地等资源的优化配置和使用效率的提高

土地资源是房地产业发展的根基。但土地资源具有稀缺性，是不可再生的。对土地资源的永续利用是实现房地产业可持续发展的

物质基础与前提,也是房地产市场发展与改善人居环境的基础条件。但是，正如本章前文所述，高房价的存在，却导致土地等资源的严重浪费。

为什么高房价会造成土地等资源的浪费呢?

首先，高房价带给房地产行业的是高利润，而高利润则使行业生产组织（开发商）极易忽视成本管理，致使对土地、资金、原材料、人力等资源的利用程度不足，资源使用效率低下。特别是在土地利用上,这种因为利用程度不足而造成的资源浪费现象尤为突出。在我国的城市化进程中,由于城市规划和社会经济发展的情况不同,各个城市的房地产开发线路也是不完全相同的，有的是沿着由城内而城郊的路径进行开发，有的则是由城郊而城中的线路开发。不论开发路径如何，但从总体上看，在旧城改造基本完成之后，绝大多城市是以城市外围的新区开发作为开发重点。新区开发必然涉及对农村土地的征用。因此，在目前的城市房地产开发中，农村土地被征用已经成为最主要的房地产开发用地来源。由于被征用的农业用地是按农业土地补偿的，开发用地成本比旧城区要低，而且区位远离市区，用地条件比较宽裕，政府主管部门对郊区商业用地的规划往往较旧城区改造来说要宽松得多。这就使开发商很容易忽视对土地的节约利用，造成了开发土地相当程度的浪费。

第二，高房价、高收益会阻碍房地产产业创新。在高房价支撑下的行业高回报率之下，房地产行业相关组织会缺少创新的动力而在组织管理、规划设计、技术选择、市场开拓、资本投入保证等方面因循守旧，不思变革，因而造成土地、建筑物等利用程度不能达到效益最大化。

一般来说，土地等资源浪费主要有这样两种形式：一是土地闲置，二是土地低效利用。而土地低效利用又表现为非最优利用和利用程度不足、产出效益差。其中，非最优利用是指土地的非合理利用，在土地的使用类型上非最优化，如本来适合开发商业物业的地块被规划成工业用地。土地利用程度不足是指土地使用程度不够，建筑容量低，容积率、建筑密度、建筑高度等规划指标不高，开发建设的经济效益最大化目标不能实现，单位土地上的生产效益较低和收益较差。

目前，在我国房地产开发中，土地闲置和土地低效利用两种浪费现象均大量存在。

国土资源部将闲置土地分为两种：一是因政府原因，存在拆迁困难，确实开发受阻的；二是土地已经是净地，手续完善，纯属开发商因素闲置的。来自国土部的数据显示，目前全国未竣工的房地产用地面积接近40万公顷，是前三年房地产用地平均供应量的3.4倍。房地产开发商盲目开发用地是房地产价格不断上涨带来的必然结果，开发商为追逐更高的利润，不顾市场需求，强制性进行开发投资，把上一轮的过量批地变为新一轮的过量开发，这种做法势必带来浪费土地资源的恶性循环，对房地产业的健康发展产生不良后果。因此，抑制房地产价格的上涨，有利于抑制投资商放缓疯狂购地与过量开发的行为，从而缓解浪费土地资源的现象，使开发商树立起科学的发展观念，合理、有序地开发用地，合理配置土地资源。

（四）抑制房地产价格有利于带动相关产业的发展

房地产业具有产业链长、带动作用明显等特点，它的变动通常会对众多相关产业产生较大的冲击，影响宏观经济的稳定、协调发展。房地产业的运行和发展涉及众多的相关产业，显示出很强的关联性。据统计，它与50多个产业部门相联系，既带动和影响前向产业的发展，也带动和影响后向产业的发展。明确房地产业的带动效应，对于确立房地产业在国民经济中的地位、制定房地产业发展规划和经济政策、促进房地产业与国民经济及与其他产业的协调发展意义重大。

人们一般把产业的关联性分为三种情形："回顾（后向）影响，即对那些为本产业供应生产资料的产业的影响；前瞻（前向）影响，即对因本产业的发展而产生需求、获得发展动力的产业的影响；旁侧（侧向）影响，即对因本产业的发展而间接受到刺激、获得发展动力的产业的影响。”[①]对房地产业来说，它的后向关联产业包括电力、钢材、水泥、木材加工、玻璃、塑料制品、建材、化工和建筑机械等，它的前向关联产业包括纺织、装饰、厨房设备、卫生设备和金融保险等，它的侧向关联产业包括汽车、家电、家具、交通运输、城市公用设施、商业网点和文化教育等。房地产业涉及的行业领域之多、范围之广是其他产业无法比拟的，对相关产业的发展起着十分重要的作用。

毫无疑问，抑制房地产价格有助于房地产业健康发展，从而反过来带动相关产业的持续、有效发展，推动国民经济的持续增长。

（五）抑制房地产价格有利于保障刚性需求、解决自住性购房问题

刚性需求是一种相对于弹性需求而言的、商品供求关系中受价格影响较小的需求。由于历史欠账较多、人均住房面积还不高、城市化使城镇人口快速增加等原因，我国居民对住房的需求呈现出较为刚性的特征。在我国，住房刚性需求主要属于自住性需求，是为满足人民最基本的居住需要而产生的。

作为一个人口众多的大国，房价调控的最终目的之一是改善民生，保护自住性需求。安居是民生之本，满足全社会成员的多层次的住房需求，不仅是经济问题，更是重大的社会问题和政治问题。自住性需求是住房市场合理、健康的需求，应该受到国家相关政策的支持。所以，保障自住性需求是体现住房市场民生特点的重要标志，加大保障性住房建设、保障刚性需求的消费群体是社会和谐发展、改善民生的必然要求。因而换句话说，抑制房价将有利于改善民生、解决广大人民的住房问题，有利于建构和谐社会。

---

① 叶剑平．房地产业与社会经济协调发展研究[M].北京：中国人民大学出版社，2005.

（六）抑制房地产价格有利于调节收入失调、缓解贫富差距

房地产价格过高会导致房地产市场的畸形发展，不利于调节收入分配，也不利于构建和谐社会。

一方面，房价上涨影响内需。对于家庭来说，房地产、医疗等支出属于刚性支出，这种刚性支出会使城镇居民预期不稳定，导致居民储蓄意愿强烈，不得不压缩即期消费，从而影响推动经济发展的三驾马车之一——内需。所以，不论新一轮经济增长如何火热，中国经济并没有因此改变国内消费不振的局面，面对的依然是一个投资推动型的增长。内需不足在另一个侧面反映的是人民生活质量提高步伐不快，老百姓的幸福指数不高的问题。

另一方面，房地产价格增长过快会加剧贫富两极分化，影响中、低产阶层的生成。当前商品住宅的购买群体主要是中、低收入阶层，特别是中产阶层。国家要建成小康社会，是以中产阶层的人数增多为标志的，而拥有房地产则是中产阶级的基本标志。中产阶级的形成与壮大，是中国实现社会稳定和建成和谐社会的根本保障。然而，过高的房价则使许多人、许多家庭沦为房奴，有房者则因为有了房产而财富增值，从而加剧了无房者和有房者之间的两极分化。

房地产作为家庭生活的必要物质载体，价格过高，必然导致家庭收入支出比例发生巨大变化，在实质上拉大贫富差距。作为大宗消费品的房地产的价格上涨，对于许多家庭来说是不堪重负的，特别是对于低收入家庭法来说，几乎是用尽家庭所有积蓄甚至是几代人过去、现在以及今后多年的收入，才能购买一套住房。住房支出占了家庭收入的绝大部分，致使家庭积累减少；而对于高收入的富裕家庭来说，购买住房，只占家庭收入的很小比重，根本不影响家庭财富积累。显然，房价上涨带来的贫富差距事实是非常明显的。与此同时，由于购房支出在家庭收入中占比的不同，又导致贫困和低收入家庭缺少了进行自我发展和自我投资的渠道，这又从另一个方面加大低收入家庭和高收入家庭的收入差距。所以，实施有效的

抑制房地产价格上涨的政策，有利于调节我国的贫富差距。

住房消费问题的实质是居民实际住房消费能力与其住房需求之间的矛盾。而居民的住房消费能力必然与居民或家庭的收入水平息息相关。政府在一定程度上提供住房保障，仅仅是在一定程度上缓解了低收入人群的住房困难，而其住房消费能力并没有实质性的提高。政府应该不断地创造机会，以提高低收入人群的住房消费能力为首要任务，即提供劳动技能的培训，提供各种就业机会，提高其家庭收入。作为实行市场经济的发展中国家，除了要改善收入分配，通过减低政府管制、减少政府干预实现财政收入转移支付等手段来解决外，就是要通过对房地产这样的大宗商品的价格调节来缓解收入贫富差距，使收入差距控制在一个合理的范围内。

（七）抑制房价过快上涨有利于调节物价、维护社会稳定

从 2004 年开始，连续几年的作为大宗商品的房地产价格的过快上涨，极大地刺激了通胀预期，引发物价不断上涨。房价与其他物价的交互上涨，导致极大的通胀压力，使许多低收入家庭不堪重负，甚至生活出现困难。从社会学的角度看，这也引发了诸多社会问题和矛盾，给社会发展和稳定带来极为不利的影响。因此，如何有效地抑制房价上涨，不仅是一个经济问题，也是一个关系到社会稳定的政治课题。

（八）抑制房价过快上涨有利于防范系统性金融风险

2007 年美国爆发的金融危机首先是从房地产业开始的，毫无疑问，房价的过快过高上涨是引发这场金融危机的罪魁祸首。

我国最近连续几年的房价过急、过高上涨也明显增加了金融业的系统性风险。前几年，国家实施宽松的货币金融政策，银行业对

房地产市场敞开大门，审贷标准降低，房地产开发贷款和住房按揭贷款均快速增长，开发贷款和购房按揭贷款在银行贷款中的比重大幅增长。开发商通过向银行贷款将开发风险转移给银行等金融机构，居民家庭购房则将购房风险通过贷款信用保证保险转嫁给银行和保险公司。如果市场环境发生变化，在市场逆转或利息调升时，开发商的资金链将断裂，开发贷款和按揭贷款的违约率将快速上升，这都将大大累积银行业和保险业的系统性风险。所以，无论从开发资金还是从购房资金的角度来看，抑制房价过快增长，保证房地产业平稳健康地发展，对于防范金融业系统性风险将大有裨益。

第三章

现阶段我国房地产调控中存在的问题

房地产业在我国起步较晚，但发展却很快。在我国的市场经济体制中，城市房地产价格是残缺不全的。在很多时候，房地产价格不是由市场自由交换形成，而是通过行政程序形成的，不受价值规律和市场机制的调节。所以，在计划经济模式下，我国并不存在真正的房地产市场，也没有真正意义上的房地产业。改革开放以后，由于社会主义市场经济体制的逐步确定，我国的房地产业才渐渐发展起来。1985 年开始的城市经济体制改革，直接促使了我国真正意义上的房地产业的产生和发展。1993 年至 1994 年间，在全国范围内刮起了一阵房地产旋风，一批批楼房随着房地产风拔地而起，房地产市场开始走向蓬勃发展的阶段,房地产价格也持续不断地上涨。但到 1994 年至 1996 年间，国家着手对处于高涨状态的房地产业进行调控。1998 年开始，住房分配货币化政策开始实施，我国的房地产市场就此翻开了崭新的一页。为拉动内需以及促进国民经济发展，国家采取了一系列措施来刺激房地产业的全面发展。这样的政策一直持续到了 2003 年下半年。从此以后，政府面对房地产市场过热甚至超热的现象，再次开始进行有计划、有节奏的紧缩调控，而且力度愈来愈大、范围愈来愈广、程度愈来愈深。2004 年，政府控制土地及银行信贷。2005 年，国家采取房地产“新政”的调控手段，例如禁止房地产市场炒作，整顿房地产市场行为以及调整住宅结构，继“国八条”出台之后，又后续出台了“国六条”作为补充。尤其是到 2011 年，国务院常务会议发布了“新国八条”，2013 年又颁布

“国五条”，以更加严厉的手段控制住房价格。虽然政府对房地产业的调控态度越来越坚决、力度也越来越强劲，然而，就房地产市场的总体趋势来看，撇除08年经济危机影响下房价略有下降外，其余时段的房地产价格却一路攀升。由此，房价一边调控，一边上涨，陷入了一个越调越涨的怪圈中。

纵观这几十年我国房地产业的发展历程，从某种程度上说，国家控制房价的效果是时好时坏，在许多方面和许多时候都存在着价格报复性反弹的情形。因此，如何从根本上建构起控制房价非理性上涨的长效机制，乃是一个值得进一步深思的问题。而要建立抑制房地产价格不合理上涨的长效机制，找到解决抑制房价过快上涨的对策，首先必须对过去和现有的政策手段进行回顾和剖析。

一、我国房地产价格调控政策的演变

房地产调控政策是指国家为消除在房地产市场运行过程中可能出现的“市场失灵”状况，为促进市场发育，规范市场运行，实现效率与公平有机统一和资源的优化配置，为房地产市场提供良性的宏观环境，依据市场经济规律，运用调解手段和调节机制，使房地产市场得到正常运行和均衡发展而制定的一系列公共政策的总称。

房地产调控政策是公共政策的基本组成部分之一，主要具有如下特征：第一，房地产调控政策属于宏观调控政策的范畴；第二，政策调控的目的在于实现公平、公正的价值取向；第三，房地产调控政策必须遵从房地产市场特有的属性和市场经济规律。

（一）政策之发轫

我国房地产市场的发展大约经历了以下几个阶段，这几个阶段都是以房地产调控政策的推出及由此带来的政策效应作为划分标志的。

1. 1978年至1992年

自1978年党的十一届三中全会之后，中国开始了从“以阶级斗争为纲”到以经济建设为中心、从封闭半封闭到对外开放的历史性转变。同时，以城镇住房制度改革为背景，以房地产权属登记为条件，以落实私房政策为契机，我国房地产业开始兴起。为推进房地产业的发展和推行城镇住房制度改革，从1980年开始，国家陆续出台了土地有偿使用、城市建设综合开发、个人建房、房地产市场培育等一系列政策，1983年国务院又发布了《城市私有房屋管理条例》，规定了房屋产权登记制度，到1990年，全国基本完成了房屋所有权登记工作，为80%以上的房屋所有权人颁发了房屋权属证书。房地产产权登记制度的确立为住房制度改革和房地产业的发展奠定了重要的技术基础。

1987年是房地产市场具有划时代意义的一年。此年10月，中共十三大召开，大会所通过的《沿着有中国特色的社会主义道路前进》报告明确指出，社会主义市场体系包括房地产市场，由此，宣告了我国房地产市场的诞生。与此同时，1987年12月1日，深圳的一块住宅用地在深圳会堂以公开拍卖的方式成功出让，标志着中国内地土地的第一次拍卖诞生[①]。这次拍卖有力地推动了国有土地的有偿使用，并且促进了“土地的使用权可以依照法律的规定转让”的内容于1988年被载入宪法。《中华人民共和国宪法》的这一修订，标志着我国的根本大法承认了土地使用权的商品属性，跨出了土地商品化、市场化的重大一步，是一次历史性的突破，是我国土地使用制度的根本性变革，标志着中国房地产业从此迈入了跨越式发展的新时代。

在政策环境的催生下，房地产业发展迅猛。到了1988年，为加强对房地产市场的管理，建设部、国家物价局、国家工商行政管理局联合发布了《关于加强房地产交易市场管理的通知》，通过压缩固定资产投资规模和紧缩银根的方法来整顿市场秩序。1990年，中央

① 岑华芳. 政策对房地产价格上涨的调控效果评价[D]. 雅安：四川农业大学，2011.

又出台了《城镇国有土地使用权出让和转让暂行条例》和《外商投资开发经营成片土地暂行管理办法》,为土地使用权的有偿出让提供了政策依据。①

总的来说，这一时期由于房地产业刚刚起步，房地产方面的政策还是以鼓励房地产发展的宽松政策为主。

2. 1992 年至 1995 年

1992 年，在邓小平南方讲话和十四大召开的带动下，我国对外开放及市场化改革的步伐加快，房地产业迅速成为国民经济的热门行业。但是，另一方面，随着房地产投资额的不断增长，加上上海浦东开发区的带动，房地产投资过热现象开始出现，投资结构不合理、开发区建设失控、市场行为不规范、炒买炒卖土地的房地产投机活动过多、房价上涨过快等众多影响房地产业发展的深层次问题也开始暴露，影响了整个国民经济的发展。仅 1992 年，房地产开发投资达到 731 亿元，同比增长 117.5%；土地开发面积 2.334 万公顷，同比增长 175%。1993 年，全国商品房开发投资额同比增长 143.5%，新开工面积同比增长 136%，房地产开发企业接近 2 万家。鉴于此，中共中央、国务院于 1993 年 6 月印发了《关于当前经济情况和加强宏观调控意见》，提出了整顿金融秩序，加强宏观调控的十六条政策措施，以引导过热的市场软着陆。至此，国家开始了对房地产市场大规模的清理、整顿和规范，第一次真正意义上对房地产行业举起了抑制之剑。政府为规范房地产市场，采取了紧缩型的经济政策，全面收紧银根，压缩对房地产的贷款规模。于是，被政策鼓胀的房地产泡沫也在政策的挤压下开始破灭。

3. 1996 年至 2002 年

在政策的打压下，我国的房地产热开始逐步降温甚至跌入低谷。1994 和 1995 年，中国房地产开发投资额分别只比上年增长了 31.8% 和 23.3%，1997 年更是出现了负增长，为 – 1.2%。于是，为保证国

① 岑华芳. 政策对房地产价格上涨的调控效果评价[D]. 雅安：四川农业大学，2011.

民经济的快速发展，1996 年，国务院提出要使房地产成为国民经济新的增长点及消费热点。特别是 1997 年东南亚金融危机爆发，为了应对这场危机，国家制定了一系列鼓励房地产业发展的政策，期望以房地产业的发展带动国民经济的整体增长。其中最有代表性的政策是《城市房地产开发经营管理条例》和《进一步深化城镇住房制度改革，加快住房建设的通知》。尤其是后者，它要求从 1998 年下半年起停止住房实物分配，逐步实现住房分配货币化，拉开了我国住房制度改革的序幕。1999 年，为进一步巩固房地产市场，国家实行了积极的财政政策，启动住房消费，深化落实住房分配货币化改革，鼓励个人换购住房，免个人所得税，免征交易营业税，契税减半。2000 年，国家取消外销房，内销、外销房并轨，并且对住房公积金贷款以及个人和银行都免税，降低租赁所取得的收入的税率。住房分配货币化的推行为房地产市场需求打开了广阔的空间。2002 年 7 月 1 日，国土资源部颁布的《招标拍卖挂牌出让土地使用权的规定》开始实施，这一措施不仅加快了政府基础建设和城市化的速度，还创造了大量的强制性消费需求，对原本平稳增长的房价烧了一把急火，无意中起到了催升房价的助力作用。在这期间，国家为应对东南亚金融危机，保证经济的平稳增长，采取一系列鼓励政策，将房地产业提升到国民经济支柱产业的高度，确实将经济从低谷拉了出来，但也为后来高涨的房价埋下了伏笔。[①]

4. 2003 年至 2005 年

从 2003 年开始，我国房地产投资快速增长，再次出现经济过热的迹象。由于 2003 年土地使用权开始全面施行招投标、挂牌、拍卖方式取得，导致土地价格和房价大幅上涨。2003 年 6 月，中国人民银行下发《关于进一步加强房地产信贷业务管理的通知》(简称 121 号文件),调整商业银行个人住房贷款政策。规定对购买高档商品房、别墅或第二套以上（含第二套）商品房的借款人，适当提高首付款

① 岑华芳. 政策对房地产价格上涨的调控效果评价[D].雅安：四川农业大学，2011.

比例，不再执行优惠住房利率规定。此份文件是中国第一轮房地产牛市启动之后，中央政府第一次采取抑制房地产过热的措施。但同年 8 月，国务院出台《关于促进房地产市场持续健康发展的通知》（简称 18 号文件），又明确指出“房地产业关联度高，带动力强，已经成为国民经济的支柱产业”，促进房地产市场持续健康发展是保持国民经济持续快速健康发展的有力措施，对符合条件的房地产开发企业和房地产项目要继续加大信贷支持力度。这两份文件相继出台，表明了政府既害怕房地产价格与投资增长过快、又希望继续以房地产业拉动经济增长的摇摆不定的矛盾心态。

2004 年 10 月底，央行提高商业银行存贷款利率，第一次明确地表明国家将坚定地通过经济手段来调控房价的决心。然而到了 2005 年，房地产开发继续保持快速发展的惯性，房价仍然快速上涨，以深圳、北京为代表的全国众多城市房价上涨迅猛，房价成为社会关注的焦点。鉴于此，为了进一步抑制投资过热、调整住房供应结构、稳定房地产价格，中央政府连续出台了一系列相互配合的调控政策。2005 年 3 月 26 日，国务院办公厅下发《关于切实稳定住房价格的通知》，提出抑制住房价格过快上涨的八项措施（以下简称“旧国八条”）。“旧国八条”明确指出：“各地区、各部门要充分认识房地产业的重要性和住房价格上涨过快的危害性，高度重视，加强领导，把做好稳定住房价格工作作为加强和改善宏观调控的一项重要内容，采取有效措施，抑制住房价格过快上涨”。“旧国八条”将房价问题提高至政治高度，明确表示要追究地方主要领导在房地产价格高涨方面应负的责任①，表明政府打压房价的坚决态度。不久之后，中央又出台了新的“国八条”。2005 年 5 月 13 日，建设部、国家发展改革委等七部委颁布了《关于做好稳定住房价格工作的意见》（以下简称“新国八条”）。“新国八条”认为，“保持房地产市场持续健康发展，事关国民经济和社会发展全局，事关全面建设小康社会

① 孙莹，高芳菲.近年来我国房地产价格调控政策的演变[J].中国物价，2011（2）：30-32.

目标的实现，当前一些地区存在房地产投资规模过大，商品住房价格上涨过快，供应结构不合理，市场秩序比较混乱等突出问题"，因此，国家很有必要加强对房地产市场的引导和调控力度，"切实稳定住房价格，促进房地产业的健康发展"。[①]"新国八条"意见是对"旧国八条"意见的解释与细化，从房价、供应结构、消费观念、市场监测等多方面切入，意在将调控措施具体化，并且重在落实与完善。两个"国八条"的相继出台，直指我国房价涨幅过快的症结问题，可谓一针见血，表明中央政府已经清楚地认识到调控楼市的重要性，至此，我国也正式拉开了房地产价格调控的序幕。

（二）我国房地产价格政策调控的进一步发展

新、旧国八条出台之后，除上海的房价曾出现过短暂的下降外，北京、广州等热点城市的房价不但没有下降，反而继续上升，就总体而言，房地产市场供不应求的局面依然存在，稳定和抑制房价的目标并没有实现。

于是，2006 年 5 月 24 日，在《国务院办公厅转发关于调整住房供应结构稳定住房价格意见的通知》（以下简称"国六条"）中，又提出了六条具有针对性的措施。较 2005 年的两个"国八条"而言，"国六条"开始了从国家整体战略的角度着眼思考房价调控问题，调控不仅仅着眼于短时期目标，也注重长期目标。然而，"国六条"仍然只是提出了大的思路和框架，缺乏具体的量化与可行性的方案。新出台的"国六条"使得 2006 年的房价增幅略微下降，但到了 2007 年，市场经过一段时间观望之后，再度出现房价的反弹。

一方面房价太高，另一方面住房保障制度不完善，这就使得大部分人不可能通过市场调节来解决住房问题。因此，如何让房价回归合理，如何通过保障住房让大多数人住上房子，就成为迫切需要

① 孙莹，高芳菲. 近年来我国房地产价格调控政策的演变[J].中国物价，2011（2）：30-32.

解决的关键性问题。2007 年 8 月 7 日，在国务院总理温家宝主持召开的国务院常务会议上，为帮助解决低收入家庭住房的问题，会议讨论并通过《国务院关于解决城市低收入家庭住房困难的若干意见》（以下简称《意见》）。《意见》表明要“以城市低收入家庭为对象，进一步建立健全城市廉租住房制度，改进和规范经济适用住房制度，力争到‘十一五’期末，使低收入家庭住房条件得到明显改善，农民工等其他城市住房困难群体的居住条件得到逐步改善”。

但是，到了 2008 年，为了应对全球金融危机的影响，房地产业再次担当重任，成为中国抵御全球经济危机冲击，拉动内需，力保增长的关键一环①。2008 年下半年，随着世界金融危机影响的扩大，央行宣布“双率”齐降，货币政策再度从“从紧”向“适度宽松”转变。本来在前期调控政策和金融危机的影响下，房地产投资迅速减少，国际热钱纷纷撤出，房地产市场进入观望状态，成交量日减，房价也有所下降，然而政策的再次松动，最终导致新一轮房地产调控前功尽弃。至 2009 年，房地产市场全面复苏，当年出现房价的报复性上涨，按全国商品住房均价计算，涨幅超过 24%。②

在这一阶段，抑制房价过快上涨的调控政策频出，但除了 2005 年仅上海一市房价触顶有所回落、2007 年末受世界金融危机的影响，房价环比有所下跌外，房价总体上仍然呈快速上涨趋势。

（三）我国房地产市场调控的强化

从 2009 年第二季度开始，房地产在经过 2008 年的低潮期后，再度进入疯狂上涨期。我国房地产市场从年初的“试探性抄底”，到年中的“放量大涨”，再到年底的“恐慌性抢购”，短短一年间，我国楼市迅速地由低迷转变为亢奋，由萧条转变为繁荣。于是，房地

① 孙莹，高芳菲. 近年来我国房地产价格调控政策的演变[J]. 中国物价，2011（2）：30-32.

② 孙兴全，张文婷. 中国近几轮房价调控政策与房价波动[J]. 财政监督，2012（2）：70-72.

产调控由“去库存”转变为“挤泡沫”。2009 年 12 月 14 日，在国务院总理温家宝主持召开的国务院常务会议上，再次提出要“遏制部分城市房价过快上涨的势头”的要求，会议研究了完善促进房地产市场健康发展的四条相关政策措施（即“国四条”）。2010 年 1 月 10 日，为有效解决部分城市出现房价上涨过快的问题，国务院又下发了《国务院办公厅关于促进房地产市场平稳健康发展的通知》（简称“国十一条”）。“国十一条”是“国四条”的细化与重申。“国十一条”打响了 2010 年房地产调控的第一枪。然而，由于金融危机对中国的影响减弱，宏观经济恢复高速增长后，房价在“国四条”与“国十一条”的严控之下不但没有下降，反而仍旧高速增长。到 2010 年 4 月 17 日，国务院再次发出《关于坚决遏制部分城市房价过快上涨的通知》，提出新的十条举措，被称为“史上最严厉的”房市调控政策，即“新国十条”。“新国十条”的基本精神在于抑制需求，主要是抑制购买二套、三套以上住房的投资性需求和投机性需求。从文件中抑制需求的一些非常规手段来看，如大幅提高二套房首付款比例至 50%，严格限制第三套房的购买，对不能提供一年以上当地纳税证明或社会保险缴纳证明的非本地居民暂停发放购买住房贷款，等等，“新中十条”确实堪称“史上最严厉的”调控措施①。“新国十条”出台以后，房地产市场成交大幅度降温，商品房房价滞涨，在一定程度上缓解了老百姓对高房价的“痛恨”情绪，同时也有利于经济结构的调整和经济发展方式的转变。然而，房价却并没有如公众所预期的那样大幅下跌，商品房市场供不应求的基本格局并未得到根本性改变。2010 年是中国房地产宏观调控频次最密集的一年，但同时也是房地产业最高歌猛进的一年。

2011 年“两会”前，国务院鉴于楼市调控“效果不大”，在节节攀升的房价下，为保持中央对楼市政策调控的继续加强的态度，尤其是在被称为 2010 年最严厉的调控政策出台以及中央“三个文件”的实施都没能有效控制房价的情况下，2011 年 1 月 26 日，国

① 丁军. “新国十条”的政策效应分析与评价[J]. 经济研究导刊，2010（31）：7-9.

务院总理温家宝主持召开国务院常务会议，研究部署进一步做好房地产市场调控工作，随后国务院办公厅发布“关于进一步做好房地产市场调控工作有关问题的通知（“新国八条”）。“新国八条”可谓来势凶猛，气场强大，其出台时间的选择更是让大家始料未及。作为“十二五”第一年的房地产调控一记重拳，擂响了新一轮房产调控的战鼓。

可以说，2009 年至今是抑制性政策出台最为密集的时期。国家通过连续的、组合式政策和措施抑制房价过快上涨，仅短短的 10 个月时间里，政府就连续加息 5 次，提高存款准备金率 9 次。同时，国家加大土地供应量，2011 年全国商品住房用地供应计划 14.06 万顷，比 2010 年实际供应增长了 51%，全国住房计划用地 21.8 万顷，与 2010 年实际供地量（12.63 万顷）相比增加了 72.6%。[①]

正是在这样密集、严厉的调控之下，全国大部分地区房地产出现交易额下降、价格趋稳之势。但是，2013 年春节过后，各地楼市又升温明显。为了巩固调控成果，防范楼价的再次反弹，2013 年 2 月 20 日国务院常务会议出台调控楼市的新“国五条”；时隔一周，“国五条”细则于 3 月 1 日落地。

不可否认，从房地产新政策实施以来，尤其是号称最严厉的“国十条”和 2013 年新“国五条”发布以来，我国过热的房地产市场出现了降温现象，其主要表现是各地楼市陷入观望态度，成交量开始下降。但这种房地产市场的短暂沉寂，是否又是新的房价反弹力量的积蓄呢？我们仍将拭目以待。

二、楼市调控政策中存在的问题和不足

由于房地产价格的涨落直接关系到广大民众的切身利益，对房地产价格的抑制是普惠于民的民生大计，所以，国家一直十分关切

① 孙兴全，张文婷. 中国近几轮房价调控政策与房价波动[J]. 财政监督，2012（2）：70-72.

和重视对房地产价格的调控。通过这些年的政策制定我们可以看出，国家在房地产价格平抑上做了不少努力，也取得了不错的成效。但是，从总体上看，我国房价仍然处于高位水平，房价涨幅仍然较快，价格泡沫仍然存在，未来价格快速上涨的几率仍然较大。可以这样说，到目前为止，调控政策对房地产市场的调控效果并不十分理想，一个突出的表现就是这些政策只引起楼市成交量的萎缩，而没有从实质上触动作为根本调控目标的高房价。相反，很多城市在成交量下跌的同时，房价仍在逆势上涨，楼价、地价不断创出新高。为什么会出现房价屡控屡涨的问题呢？其中原因是多方面的。对这些原因的深入剖析，有助于修正今后房地产市场调控的方向，完善房地产调控方法，增强楼市调控的效果。

（一）房地产调控政策显得力不从心，不能有效抑制房价上涨

纵观我国房地产市场的整个发展历史，从 2003 年至今，国家对房地产行业的调控频率越来越高，调控力度越来越大。虽然调控对房地产市场的健康发展起到了一定的促进作用，但对房价上涨的抑制作用却并不明显。从近年的房价变动情况来看，商品住宅平均价格始终处在不断上涨之中。在调控初期的 2003 年，商品住宅平均价格同比增长 3.9%，2004 年房价增速达到了历史高点 15.2%。2006 年以来，我国部分城市房地产价格在历经 2005 年的价格短暂走低之后又出现“报复性上涨”。2007 年，不少热点城市房价呈现逐月加快上涨的趋势，国家发改委和统计局的数据表明，仅在此年 4 ~ 9 月份，70 个大中城市房屋销售价格同比分别上涨 5.4%、6.4%、7.1%、7.5%、8.2%和 8.9%。[①]一直到 2008 年，调控效果在国际金融危机的影响下方才显现，房地产价格开始出现下降。据资料显示，2008 年 1 月全国住房成交量首次出现负增长。但这种情况主要是因为受到

① 丁军.“新国十条”的政策效应分析与评价[J]. 经济研究导刊，2010（31）：7-9.

国际、国内经济环境的影响而出现的购房者暂时观望的结果，不但没有造成房价的反转，反而为其后房价迅速上涨积蓄了巨大的能量。

2010 年虽然出台了号称十分严厉的“国十条”，但房价调控的效果也是不令人满意的。首先，这一年房屋成交量涨幅虽然放慢了脚步，出现轻微下滑，但成交量总额却在进一步增加。2010 年，全国商品房销售面积增幅比 2009 年同期减少 32 个百分点，但总销售面积达到 104 349 平方米，同比增加 10.1%，其中商品住宅销售面积增长 8%。根据统计资料显示，最近 10 年商品房销售面积增长几乎都是由商品住宅增长带动的。其次，房地产开发投资大幅上涨。2010 年全国房地产开发投资为 48 267 亿元，比上年增长 33.2%，创下 1994 年以来的新高。其中商品住宅投资 34 038 亿元，增长 32.9%，占房地产开发投资的比重为 70.5%。第三，房屋销售价格继续上涨。2010 年，房价涨幅虽然连续 8 个月变小，但全国房屋销售价格指数月度环比仍然上涨 0.3%，同比上涨了 6.4%。[①]

通过以上数据可以看出，即使是在房地产调控政策出台最为密集的 2010 年，调控政策虽然对销售量、金融贷款额度、市场监管等方面起到了积极的作用，但是在抑制房价上涨方面并没有达到理想的效果。

（二）对行政手段过分依赖

在计划经济条件下，利用行政手段进行宏观调控就是国家的指令性计划，这是不容置疑的，不存在需要不需要的问题。但是在市场经济条件下，行政手段是否必要，不同的经济学派有不同的观点。新古典经济学家认为，市场机制具有自动维持和恢复均衡的作用，需求的冲击使得短期经济偏离长期趋势从而形成了经济周期波动，这是正常的，它不是市场机制失灵的表现，因此，政府通过经济政策干预经济运行是不必要的。而凯恩斯主义则认为，上述经济的周

① 岑华芳. 政策对房地产价格上涨的调控效果评价[D]. 雅安：四川农业大学，2011.

期性波动可能是非常剧烈的，也可能持续比较长的时间，因此需要政府的干预。①

从实际情况来看，在成熟的市场经济国家里，对经济的调节大多是由市场机制来完成的。而在我国，由于市场机制不健全，使得当经济出现波动时，政府对经济运行的宏观调控就成为主要选择手段了。所以，在房价高涨的时候，运用行政手段对房价进行控制就成了必然。

行政手段平抑房地产价格，有其优势，也存在弊端。市场机制调控也并非万能，更何况经济波动有其自身的客观规律，即使在成熟的市场经济国家，完全依靠市场的手段来熨平经济周期也几乎是不可能的。所以，市场手段和行政方式相结合，是应对房地产经济周期变化，调控房地产市场的基本方式。其中，把握好两者之间的度，处理好两者之间的关系，是房地产市场调控效果好坏的关键。但是，纵观我国房地产市场的调控历程，我们不难看出，我国对房地产市场和房地产价格的调控主要是依赖行政方式，或者是半行政半市场化的措施。

在房地产调控中，如何拿捏好行政手段调控和市场手段调控的度是一件很困难的事。一方面，房地产行业和房地产价格变化事关国计民生，对房地产价格的调控需要国家统筹兼顾，因而离不开行政方式；但另一方面，过多地依赖行政调控手段又会给房地产市场的健康发展带来严重的阻碍。

1. 扭曲市场，使市场调节机制失灵

对于一个市场化程度较高的房地产市场来说，投资、需求和价格调节应主要由市场机制来完成。然而，在我国，由于计划经济的思维惯性，在历次对房地产价格进行抑制和调控时，往往都是过多地依靠行政调控方式来实施的。因为，无论是民众还是政府机构，

① 彭岩. 房地产市场宏观调控政策效应问题的思考[J]. 广州大学学报：社会科学版，2007，6(1)：50-53.

无论是在房价上涨的时候，还是在房地产市场低迷的时候，人们都习惯性地把调控的希望寄托在国家的行政处置方式上。

过多依赖政府行政方式来解决房地产业发展存在的问题，抑制房地产价格过快增长，会在很大程度上弱化市场调控机制的作用，从而导致调控的效用不能持久。市场调节机制的作用主要体现为对市场的调节是经常性、自觉地起作用。而行政调控的实施效果的大小有赖于对政策贯彻的力度，也就是说有赖于对政策监督的程度。因此，过多依赖行政方式调控房价，往往会使政策效果与政策预期相悖，政策时效较短，房价容易反弹，进而达不到抑制房价的根本目的。

从国家统计局有关我国国民经济运行情况的数据可以看出，近几年来全国的住房价格一直呈现着上升趋势，市场供求不平衡、需求大于供给的矛盾依然十分突出，住房结构不尽合理，面向中低收入群体的经济适用房和廉租房仍然供给不足。房地产调控政策并没有实现供求基本平衡、结构基本合理、价格基本稳定的政策目标。政策调控目标没有成功实现，又会引起另外一些矛盾，正如温家宝在新加坡考察住房政策时指出的那样:“改革开放三十年来，居民住房条件有很大的改善，现在城乡居民住房的面积平均超过二十平方米，但是分布不均，特别是近年来房价上涨较快，引起人民很大的意见”，以致有人将买房压力比作“新三座大山”之一。因此，我国房地产市场的现状也充分证明了市场调控机制失灵或者弱化、仅仅依靠行政手段调控的房地产市场很容易出现价格反弹、效果不满意的结论。

2. 行政调控容易使市场反应过激，伤害房地产业的健康发展

行政方式调控主要是针对市场症结直接施治，所以，调控政策的力度越大，政策效应就会越大。这往往会使政策效应太过明显，市场反应太过剧烈。市场反应过烈，又会导致房地产行业乃至整个国民经济出现“紧急刹车”、“硬着陆”的情形，进而有损整个国家经济的发展。

（三）调控政策时滞性明显

宏观经济学理论把政策时滞分为内部时滞和外部时滞。内部时滞是指从出现问题到制定并实施某项政策所需要的具体时间，由认识时滞和决策时滞两个阶段组成。认识时滞是指从发现问题到制定对策的时间。决策时滞是指从发现问题到制定决策的时间。内部时滞的长短取决于决策者对经济形势发展的预见能力，以及行动的决心和制定政策的效率，属于主观因素。外部时滞又称为效果时滞，它是指政策对目标产生影响所需要的时间。外部时滞长短主要由客观条件和金融条件等决定①。

房地产政策调控的时滞性主要表现在以下几个方面：一是对市场的反应有时候显得比较慢，从市场监测到发现问题，再到做出政策调控，中间的时滞太长，以至于贻误最佳的市场调控时机。二是政策实施中因为政策落实和政策效果兑现不及时而出现的时滞。三是政策控制和修正中反应不及时的时滞。在房地产调控政策从制定到实施、反馈、修正的整个过程中，政策时滞最通常的表现为第二种情况。

从发现房地产价格问题到决定是否采取政策，从决定采取政策到制定出台政策，从政策的实施到完全发生效用达到预期目的，每一个环节都需要时间，而时间的长短则很难确定。房地产行政调控效果的实现，是以出现问题为起点，以政策产生预期作用为终点的过程。由于政策的出台是一种事后调节，政策发挥作用的时候，经济现象已经存在相当长一段时间了，所以政策往往并不能产生当期效应。而房地产作为一个特殊的行业，其生产周期长、所需资金量巨大、涉及行业多、区域差别性大以及消费时期长等特性，决定了行政政策调控的长时滞性。由于政策存在时滞性，行政手段干预房地产市场的效果就不尽如人意，甚至出现相反的效应，导致政府信誉受到挑战。②

① 陈颖佳. 房地产宏观调控政策的时滞效应研究[J]. 城市，2010（8）：47-49.
② 陈颖佳. 房地产宏观调控政策的时滞效应研究[J]. 城市，2010（8）：47-49.

政策调控的时滞性导致政策和市场环境可能经常错位的情况。一种房地产政策是针对特定房地产市场环境而制定的，但因为政策内部时滞和外部时滞的影响，当这种政策刚刚制定实施时，市场环境可能已经发生了变化，于是就会很容易出现政策的当期效应来不及显现，甚至这种政策只能适得其反、产生负效应，使调控目的和实际经济情况产生难以预料的偏差的局面。

政策调控的时滞性问题既是我国现阶段房地产市场调控中出现的问题，也是调控政策效果不佳的原因之一。

要使房地产调控的效果得到最大化地显现，减少政策时滞性影响，应当解决好以下几个问题：

第一，要提高行政决策效率，特别是要加强各行政部门的紧密协调与配合，减少决策、施政过程中的扯皮推诿行为。

第二，要加强对房地产市场的长期、全面监控，建构起对房地产市场信息的收集、整理、分析机制和预警体系，为政府行政决策提供及时、准确的市场信息依据。

第三，要提高房地产市场信息的公开度和利用率，发挥社会研究力量的作用，为政府决策提供参考。信息是决策的依据和基础，由于房地产市场信息不透明，市场信息获取难度大，只有政府才有力量做好房地产信息的收集、整理工作。但是，就现在情况来看，政府所收集到的许多房地产市场信息基本处于不公开或者半公开状态。社会研究力量很难接触到更全面、更深入的市场信息，也就很难在房地产市场决策中为政府部门提供参考意见和发挥咨询作用了。

第四，要加强政策的执行力度，要进行政策推行的实效限制，通过监管和考核来体现政策的权威性和强制力。

（四）调控措施缺乏一致性，调控内容存在短板

在我国房地产市场调控过程中，无论是从调控手段还是从调控内容来看，都存在着前后不一致的情况。

在调控手段上，有时候采取的是经济调控手段，如通过调整商

业银行存款准备金率或者存贷利息的方式，间接影响房地产市场资金量来调控；有的时候则是采取行政方式调控，如直接限制房地产价格。因而显得调控手段先后不一致，不连续。

在调控内容上，前后不一致主要表现在调控的内容前后差异大，调控重点变化快。如我们前文所介绍的那样，2008年的同一年内，刚刚颁布紧缩信贷的调控政策，不久又提出要执行适度宽松的货币政策。这种内容上的不一致在我国的房地产调控过程中时有出现，一方面容易使政策自相矛盾、效用相互抵消，达不到房地产调控的目的；另一方面容易在广大消费者心中留下不确定的预期，导致后买不如先买的消费心理；更可怕的是，政策的不一致性使地方政府、开发商、金融机构等市场主体敢于在调控政策出台后通过等待观望、推诿拖延等方式抵制政策的实施，使房地产调控政策效果严重打折。

此外，我国目前的房地产调控政策中还存在着内容上的短板。房地产市场不是一个单一的市场，其涉及的领域很多、很广，因此，房地产市场调控应该是一个全面的、组合的调控体系，调控内容不应有缺失，不能有短板，否则，极易造成政策短板效应，使调控政策失去效力。

三、房地产调控政策效果不明显的原因

政策失效分为早期失效与严重失效两类。这两种失效类型是按照失效的程度不同而分类的。早期失效是指政策实施初期即发生的失效。严重失效是指会导致政策的主体和客体双方都遭受严重损失的失效。严重失效是政策本质失效或政策失败，当其发展到一定程度时甚至会使政策客体之外其他关联事务受到连带损害。政策的严重失效大多是程度较深的失效。

虽然有关房地产的调控政策频繁出台，但是从已经出台的房地产调控政策的执行效果来看，房价的增长速度和幅度却是在不断上

升而不是预期那样的下降,人们相对购买能力也不断呈现下降趋势,我国的房地产市场出现了高档商品房过剩、闲置与低档商品房、经济适用房、廉租房等保障性住房匮乏的矛盾情形，而且这种情形有愈加严重的趋向。于普通老百姓而言，由于房价的不断上涨，要买一套房子十分困难，这一现象已经引起社会的抵触情绪甚至强烈不满。因此，已有的事实说明原有的调控政策没有达到预期的政策目标，根据政策调控的效果特别是抑制房价的效果，我们可以将有些时期某些房地产调控政策定性为政策失效。

为什么会出现房地产调控政策失效呢？固然其间原因很多，但主要在于以下几个方面：

1．政策实施遇到阻碍

确保政策运行畅通无阻才能使房地产调控政策发挥预期效用。政策运行过程中，发生阻隔的情形大多数都集中于执行阶段。这种现象在房地产相关调控政策的执行过程中似乎非常普遍。比如，中央针对改善住房供给结构方面问题所出台的增加市场各类保障性住房的供应的调控政策，以及给各地下达的保障性住房建设指标，在各地的执行中往往遇到阻碍。如果这些旨在改善房地产市场供需结构的调控政策得到严格执行，一定会在很大程度上对改善城市中低收入家庭住房困难起到预期的调控效果，对降低整体房价增长过快起到重要的抑制作用。廉租房是政府以租金补贴或实物配租的方式，向符合城镇居民最低生活保障标准且住房困难的家庭提供的社会保障性质的住房，是国家对低收入家庭实施的一种保障制度。九部委围绕“国六条”出台的房地产调控政策明确提出，所有城市必须在2005年底前建立廉租房制度，并在年底前开工建设一部分廉租房。然而廉租房制度在一些地方并没有受到应有的重视。有的地方拒绝给保障性住房批地，有的地方批差地，有的地方乱发保障性住房指标，等等。建设部相关信息表明，至2005年底，全国有70个地级以上城市没有建立廉租房制度。“国六条”下达之后，一些地方政府在推进廉租房建设上缺乏有力度的动作，没有建立稳定的资金来源渠道和其他保障措施[1]。究其根本原因，在于政府态度模糊，行动迟缓。

2. 政策监督不力

所有政策的执行都有赖于严格的监督。在历次的房地产调控中，由于缺少专门的监督机构和监管机制，导致政策执行不力，调控政策呈现出疲弱化态势。可以说，监管不力、房地产政策调控疲弱化是造成房地产调控政策失效的另外一个重要原因。这主要表现在政策沟通较差和政策调控力度偏小两方面。

房地产政策调控疲弱化的表现之一是政策沟通不顺畅，部门与部门之间、中央和地方之间缺乏有效的、必要的沟通。例如，2005年3月前，房地产市场上已经出现了不可忽略的失控现象，中央已经开始采取措施用金融杠杆对此加以调控，但有关建设部门却认为房地产市场仍然在健康发展，一切如常，从而迟迟没有出台相关的调控政策。又如，在中央已经发出强烈的调控信号并出台了一系列相关的调控政策之后，对房价增长足以起重要推动作用的土地问题却迟迟未得到有关管理部门的重视，没能及时对土地出让方式进行反思和改进，使得土地出让方式对房价反而起到了火上浇油的作用。房地产政策调控疲弱化的表现之二是出台的调控政策的调控力度不够。例如，中央为改善住房供给结构，提出了主要修建70～90平方米住房、限制修建大户型大面积住房的控制要求，但各地在执行过程中，由于规划审批权与政策制定主体管理权限的分离，致使这一政策不能够得到有效贯彻与执行[2]。

3. 政策相关度较低

政策相关度是指政策方案与政策目标的关联程度。如果政策方案直接受到政策目标体系的指引，且能实现政策目标体系，我们就

① 刘菁，王研．租房步履缓慢，原因在政府态度不坚决[N].第一财经日报，2006-08-04.
② 陈硕.房地产调控政策[D].合肥：安徽大学，2007.

称政策相关度高；反之，政策方案与政策目标体系之间存在差异，则称为政策相关度低。如果政策相关度低，政策方案实施后，就不容易甚至不可能达到预期的政策目标，当然也就无法解决政策问题从而导致政策失效。

房地产政策关联度较低，主要表现在以下三个方面：

一是政策目标和政策目标达成的手段上有时候关联度不够。例如，众所周知，供求关系是影响市场商品价格的一个重要因素，住房商品是一种特殊的商品，房地产市场是特殊的市场：一方面以住宅为主的房地产市场需求是刚性的，另一方面，国家对土地和建筑规划具有垄断权。所以，对于这样一个特殊的市场，增加供给应该是政府平抑房价的重要手段。但从现有的房地产调控政策看，国家只是注重了供给结构的调整，强行抑制需求，而没有注重从供给总量上加以调整，供给不足带来的供求不平衡问题始终没有得到重视和解决，成为了我国房地产市场最为严重的问题之一，也是影响房价始终处于高位运行的主要原因之一。

二是政策措施前后关联不够，甚至前后矛盾。纵观我国十来年房地产调控政策不难发现，调控政策前后不一，甚至相互否定的现象常常出现。

三是除同一政策主体制定的政策关联度低之外，不同政策主体之间制定和执行政策的关联度也较低。由于沟通不畅，对上级政策主体的政策意图不明晰以及对房地产市场的形势判断不准确等原因，各地方政策主体各自为政，配合不够，在细化上级政府政策时理解不一致，制定的房地产调控细则偏差很大，同时，在执行上级已经细化的政策时也往往力度不相同、步调不一致。

因此，关联度不够甚至相互矛盾的政策很容易给人们带来对政策理解的歧误和对政策预期的信心丧失，从而导致政策失效局面的出现。

4. 政策失真

与调控政策失效相联系的是政策失真。政策失真是指在政策传达、实施过程、实施结果等环节所出现的与政策本意不相一致甚至相反的一种现象。政策失真往往是政策失效的重要原因之一。

在我国房地产市场调控中，大量的调控政策在由上到下的传递和实施过程中，常常出现政策失真的情形。导致政策失真的原因很多，主要有以下几点：

一是房地产调控政策自身的原因造成的失真。比如政策本身的不确定性、模糊性、不合理性会导致执行者对政策的误读，致使政策实施出现偏差。

二是房地产政策传递过程中的主客体链接沟通障碍致使调控政策失真。一种政策之所以传递失真，是由于传递路径较长、传递口径太多。对于前者，我国的行政层级较多，房地产政策从中央到地方要经历较长的传递层次；对于后者，房地产政策政出多门屡见不鲜，不同部门所制定的政策的传递线路也各不相同。所以，政策传递路径较长、传递口径太多是房地产市场调控政策失真的重要原因之一。

三是政策制定者与政策执行者之间存在利益冲突。在我国，房地产调控政策主要出自于中央政府，政策的执行则掌握在地方政府手中，中央政府和地方政府在房地产市场中的利益愿望是不完全一样的，在很多时候存在着利益冲突，这种情形的存在必然导致地方对中央政策的曲解甚至是有意歪曲，使房地产调控政策失真。

5. 政策效应短期化

我们在之前已经提到过，宏观调控政策会对市场造成影响，在政策出台的短时间内，只要政策实施足够严厉，势必对房价造成明显的影响，而这影响却可能只是短期的。政策效应短期化是指政策在实施后，只对表面问题产生暂时的影响，调控政策没有触及深层次的问题，有些现象虽然能得到一时的控制，但随后又会反复。房地产调控政策效应的短期化也是造成房地产调控政策失效的一个不可小觑的原因。例如，有些房地产调控政策是通过提高信贷和税收门槛以及加息等方法来强行维持市场供求秩序的平衡，虽然这样的调控政策可以在短时间内达到调控目的、抑制人们的购买，但是由于人们对住房商品的刚性需求以及对房价可能继续上涨的预期，这样的手段难以发挥长效作用。

房地产政策短期化效应产生的原因主要是：

第一，政策力度和执行力度不够，没有触及房地产市场深层次的问题，更没有触及房地产市场关键主体的根本利益问题。

第二，房地产调控政策缺乏稳定性和长效性。

第三，受跨行业政策调整的影响。中央政府制定的许多房地产调控政策都不是单一地只对房地产行业产生影响，也会同时对国民经济产业中的其他产业发生作用，比如金融货币政策等。因此，在国民经济其他产业形势发生变化时，为了更好地应对这些变化，促进相关产业的发展，又不得不对有些政策进行调整，而这种政策调整反过来又会影响对房地产市场调控的效果。

6. 国际国内经济形势不稳定

在最近十多年中，国际国内经济形势复杂多变。1997 年东南亚金融危机的阴霾还没有完全散去，2007 年的美国次贷危机又接踵而至。特别是这十多年又是我国国内改革开放步伐进一步加快、经济结构不断调整升级的关键时期。毫无疑问，国内外不断变换的经济、政治形势对我国的房地产市场调控增加很大的难度，不可避免地造成了房地产调控政策不稳定，甚至前后不一致，从而导致调控政策失效、达不到预期的目的。

7. 我国国情具有特殊性

我国地域辽阔，国情、区域情况不一样，地区差别、资源差别、行业差别等因素都会从政治、经济等多个方面影响房地产调控政策的制定和执行，因而也就会对调控政策的效果产生重要影响。

8. 房地产市场利益主体的利益追求不同

国家利用行政手段对房地产进行干预，必然影响到房地产市场相关利益主体。这些利益相关者主要包括中央政府、地方政府、商业银行、房地产开发商、购房者等。他们之间的博弈行为，会影响到房地产调控政策的实施效果。特别是由于地方政府和中央政府在政策目标和政策利益诉求上的某些不同，中央从全国的大局出发所制定的房地产调控政策的效应往往会在地方政府的小利益的“绑架”下失效。

房地产业作为我国重要的支柱产业，在宏观经济中的地位决定了房地产市场调控的作用，如果房地产发展不当，将导致严重后果：一是会对国家金融机构产生影响，大量的房地产投资资金和消费资金来源于银行，如果房地产金融资金链断裂，银行将承担巨大的风险。二是会对国家宏观经济产生影响，房地产投资是国家重要的投资领域，投资过热或过冷都会对中国经济产生负面影响①。中央政府要负责国家经济领域的正常发展以及国家的经济安全，如果房地产出现非理性发展，实际上最大的受害者是整个国民经济。中央政府采取负责任的态度，加大房地产市场的调控，主要是出于全局性利益的考量。但对于地方政府来说，在某些时候对房地产业发展势态的判断与中央政府是不完全相同的。地方部门的真实心态是对房地产市场怕冷不怕热，怕跌价不怕涨价。因为房地产市场的快速升温会拉动大量的投资需求和消费需求，从而在短期内呈现出经济快速增长的局面，一旦房地产市场降温，往往意味着投资的减少和经济增长速度的减缓。

地方政府之所以在这一方面与中央政府出现认识上的偏差，是因为：一是在以经济增长作为政府官员绩效考核主要指标之一的环境下，地方政府官员希望通过过热的房地产业的发展带动经济指标的上升。二是在分税制执行之后，地方政府主要的财政收入来自于房地产行业。特别是在其他产业经济不太发达，工业总量、GDP 不高的地区，这种希冀房地产行业的持续繁荣来带动地方财政收入增长的愿望就更加强烈。

① 杨清山. 我国地方政府对房地产业的规制管理研究[D]. 昆明：云南大学，2011.

因此，房地产市场利益主体特别是中央和地方政府之间的利益追求的不同，往往会在很大程度上使房地产市场调控政策不能起到应有的作用。

9. 畸形的市场需求结构，导致调控政策失灵

在我国房地产需求市场中，没有住房的居民或者住房条件差的低收入者对住房的潜在需求是最大的，但由于购买力的限制，有效需求不足；而高收入者出于投资的需要，对住宅的有效需求却十分强劲，也具备相应的购买能力。这样，就出现了需要住房的人不购房，对住房需求不大的人购房的畸形市场需求结构。也就是说，当前房地产市场的有效消费需求主要来源于高收入阶层。因此，面对这种具有较强支付能力的高收入者，国家企图通过提高首付比例、提高融资成本、限制异地购房等措施来限制房地产需求、抑制房地产价格的上涨将是无效的。

第四章

我国房地产价格平抑的对策

经过前面的分析我们可以看到，房地产调控政策所取得的作用主要体现在强化了市场监管，规范了市场行为，抑制了投机行为，改善了市场结构，也在一定程度上对快速上涨的房地产价格起到了遏制作用。但另一方面，房地产调控政策对价格的抑制效果还不甚明显，与老百姓对房价的期望还有距离。而且，就现在的形势来看，稍稍止住快速上涨的房价又有了死灰复燃、重拾升势的趋势。因此，继续加强房地产市场调控，探索出更加有效、更加长效的房价平抑对策，仍然显得十分必要和迫切。

一、我国房地产市场的特征

特征是指此事物与其他事物相比较的区别。我国房地产市场的规律性特征就是指其与其他国家和其他产业市场相比较的不同之处。

要探讨房地产市场，发现房地产市场的规律，特别是房地产价格的规律，应该首先把我国房地产市场和其他市场进行比较，以发现其共性和个性。在我国，房地产市场自 1998 年住房制度改革以来，经历了长达 10 多年的波澜壮阔的大发展。经过这么多年的发展演变，房地产市场在具备其他市场的一些共性的同时，逐渐形成了一些独立的特征。

（一）我国房地产市场的共通性特征

市场，其基本特征就是交换，而商品是交换行为的最基本客体，市场是与它的客体同时产生的，市场从其最初意义上讲就是商品市场。商品所有者是市场的原生主体，它表现为不同的角色：生产者和消费者。因此，商品的规律反映到市场经济中，形成了市场经济的内在机制，这些机制如价格机制、供求机制、竞争机制、决策机制等就是市场经济发展的一般规律。我国的房地产市场必然也要受这种基本的市场规律的调节和作用。

1. 我国房地产市场要受价值规律的作用和支配

价值规律是商品经济的基本规律，在市场经济条件下，价值规律发挥着十分重要的作用。商品的价值量决定于生产该产品的社会必要劳动时间。各种商品均以各自的价值量为基础进行等价交换。价值规律是其他规律的前提。在我国房地产市场中，价值规律依然发挥着主要作用，主要表现在三个方面：第一，价值规律具有调节社会总劳动在房地产生产和流通各部门之间按比例分配的作用，因而具有通过价格调节房地产市场供求关系和房地产生产的作用。价值规律对社会生产的调节，是通过市场价格的上下波动来实现的。一个商品在生产过程中，它的劳动消耗必须符合或低于社会必要劳动消耗，才能获得收益。房地产品也是如此，房地产商品价格与价值的相对高低，必然反映出房地产商品的供求关系。价值规律要求每一个房地产生产者都要重视市场的需求，只有适应市场的需求，才能谈得上生产满足社会的需要。第二，价值规律具有刺激房地产生产企业不断改进技术，提高劳动生产率，改善经营管理，从而促进社会生产力的发展的作用。价值规律的这个作用是通过竞争和个别劳动时间与社会必要劳动时间的矛盾运动实现的。个别劳动时间低于社会必要劳动时间越多，商品生产者就越有利可图，在竞争中处于有利地位。为了降低个别劳动时间，房地产生产者就得不断地改进生产技术和经营管理，而这一过程也就是整个社会生产力不断提高的过程。因此，价值规律其内在的要求推动着房地产业生产力的发展。第三，价值规律还具有指导房地产消费，更好地满足房地产需要的作用。价值规律可以通过影响房地产商品价格的制定指导消费者消费。为了吸引消费者对房地产商品的消费，房地产生产企业可以制定一个较低的价格；相反，如果要限制房地产商品的消费，也可以通过高价格来实现。这种对消费的指导作用，不仅是为了更好地满足社会消费需要，而且反过来还有助于实现社会主义的生产计划。

2. 我国房地产市场要受市场竞争规律的作用和影响

竞争，从实质上说就是商品生产中劳动消耗的比较。竞争规律是指商品经济中各个不同的利益主体为了获得最佳的经济效益，互相争取有利的投资场所和销售条件的客观必然性。它和价值规律一样，都是商品经济固有的规律。它起着如下作用：第一，实现商品的价值与市场价格。商品的价值是在竞争即市场上商品生产者的劳动耗费的比较中实现的，只有通过竞争，才能真实地了解决定商品价值的社会必要劳动时间的多少。竞争还促使平均利润和生产价格的形成，说明它在促使资源的流动和配置方面的效率更加提高。第二，通过竞争，促使各种商品生产实现优胜劣汰，不仅能够促进资源的最佳配置，而且实现了市场的新陈代谢。自然淘汰的法则在市场竞争中起着同样的作用。通过优胜劣汰，产业结构得到最迅速、最有效、最彻底的调整，促进社会经济更加迅速、合理地发展。第三，竞争能够推动社会技术进步，推动企业创新。企业的创新是社会发展的动力，而其中技术创新又是根本，谁的技术先进，谁就在竞争中处于领先地位，立于不败之地。竞争规律的作用在房地产市场同样发挥着十分重要的作用。

3. 我国房地产市场要受市场供求规律的作用和支配

供求变动引起价格变动，反之亦然。这种商品供求变化与价格变动相互作用，供给与需求相互适应，形成均衡价格的规律性，就是市场的供求规律。供求规律有以下几个作用：第一，促使价格围绕价值上下波动，为市场提供不断变动的价格信号。第二，直接决定市场总量与供需结构状况，推动市场在均衡和非均衡的状态中得到发展。我国的房地产产品的价值量决定于生产房地产产品的社会必要劳动时间，以它的价值量为基础与其他商品进行等价交换。在等价交换的前提下，房地产产品的供给与需求决定着房地产价格的波动变化。同时，房地产市场的供需状况也随着产品价格的变化而调整。

（二）我国房地产市场的差异性特征

我国房地产市场除了具有房地产市场共有的特性之外，还与我国国情相结合，具有有别于其他房地产市场不同的特征。

1. 我国房地产市场需求具有一定程度的刚性特征

刚性需求是和弹性需求相对应、相联系的。刚性需求是指商品供求关系中受价格影响较小的需求。这些商品通常包括日常生活用品、家用耐耗品等。刚性需求就是价格涨与不涨都需要购买。刚性需求曲线在理论上是一条直线，不因价格的变动而变化。弹性需求是指当产品或服务的价格有所变动时，市场对该产品或服务的需求也发生明显变动的一种需求。具备弹性需求的产品或服务通常具有市场竞争激励、替代产品较多、非生产生活必需品等特征。有弹性需求特征的行业经常会受价格战的困扰。当然，刚性需求随着市场环境的变化也可能发生转化，从刚性变为弹性。

在我国，房地产市场需求之所以具有刚性的特征，主要是因为：

第一，房地产市场是不完全竞争市场，产品具有不同质的非标准化特征。产品的差异性、市场的非完全竞争性，以及房地产品作为人们生活、工作的必要物质载体的必要性，决定了无论是房地产市场内还是市场外，可替代的产品都很少，市场需求量长期旺盛并持续增长，房地产市场长期处于需大于供的状态。

第二，我国人口众多，住房历史欠账太多，导致住房需求强劲。第六次人口普查结果显示，我国人口迈过了 13 亿大关。同时，人口城市化的步伐进一步加快，至今，我国城市化率已经超过百分之五十，也就是说，我国有超过一半的人口在城镇生活，许多新入城居民需要在城镇购房（其中还不包括农村区域人口在城市购房的情况）。再加上我国改革开放和房地产市场化的时间不长，原有的住房“欠账”太多，大多数家庭住房条件还比较差，许多人需要进行住房换代升级。面对这样一种国情，我国房地产市场必然形成一个巨大的需求缺口，而现有的房地产供给量又不能完全满足这种需求，因此，房地产刚性特征必然显现。

第三，居民购买力的增强是将刚性潜在需求变为现实需求的关键。

近几年来，城镇居民年可支配收入一直处于快速增长中，并一直处于商品销售价格和住宅价格之上。随着改革开放的深入和人均 GDP 的增长，特别是随着居民可支配收入、居民储蓄存款余额的增长，居民住房购买力得到显著增强（见表 4.1）。居民购买力的增强，支撑了房地产刚性需求的实现。

表 4.1 我国 2001 年以来人均 GDP、居民家庭可支配收入、居民存款余额

年份	居民家庭人均可支配收入/元		居民储存存款/亿元		人均 GDP/元
	城镇	农村	年底余额	年增加额	
2001	6 859.6	2 366.4	73 762.4	9 430.1	8 622
2002	7 702.8	2 475.6	86 910.7	13 148.2	9 398
2003	8 472.2	2 622.2	103 617.7	16 707.0	10 542
2004	9 421.6	2 936.4	119 555.4	15 937.7	12 336
2005	10 493.0	3 254.9	141 051.0	21 495.6	14 185
2006	11 759.5	3 587.0	161 587.3	20 544.0	16 500
2007	13 785.8	4 140.4	172 534.2	10 946.9	20 169
2008	15 780.8	4 760.6	217 885.4	45 351.2	23 708
2009	17 174.7	5 153.2	260 771.7	42 886.3	25 608
2010	19 109.4	5 919.0	303 302.5	42 530.8	30 015
2011	21 809.8	6 977.3	343 635.9	41 656.6	35 181

（数据来源：《中国统计年鉴—2012》）

2. 我国房地产市场是一个不对称性市场

房地产市场之所以是一个不对称性市场,主要表现为两个方面：一是信息不对称，二是市场主体地位不对称。

在我国，由于房地产市场发育还不完全成熟，为房地产市场服务的信息平台、价格指数等基础条件和中介服务体系没有真正建立，再加上产业的特殊性，这就导致了房地产市场买卖双方对市场的信息获取与利用不对称。

在房地产市场中，获取信息的难度很大，获取信息在很多时候取决于市场主体实力的强弱和拥有获取信息渠道、资源的多寡，因而在有关房地产的成本、质量、价格、供应量、市场状况等信息的

分布上买卖双方往往是不对称的，即买主和卖主实力不同，对房地产相关情况的了解和掌握程度完全不同，卖主比买主占有更多的有关房地产的质量、成本、权属关系、市场供求关系等方面的信息。这就导致了卖主绝对的信息优势和对价格的垄断，而买主由于缺乏足够的信息被迫地接受卖方制定的价格和承担交易风险。

房地产市场中的信息不对称，主要可以归纳为以下几个方面：一是权属关系信息不对称。房地产权属信息为政府房地产管理部门所掌握，一般的房地产买卖者要获取到这方面的信息是有条件限制的。二是价格信息不对称。在现实经济中，房地产定价往往是由卖方根据己方意图进行的。诚然影响房地产价格的因素很多，包括功能、地段、结构、规模、营销策略、品牌等都会使房地产定价产生较大的差异，但在一般情况下，房地产定价的主要依据还是成本、目标利润，在有的时候也会考虑到竞争和需求等因素。而对于涉及定价的成本、目标收益等最关键的信息，作为消费者在一般情况下是很难掌握的，即使了解也是很不完整的，因此，产生了房地产买卖双方价格信息的不对称。三是质量信息不对称。商品住房是一种特殊商品，同时具有繁杂的质量信息。而这些质量信息往往是掌握在开发商、建筑商以及政府职能部门手中的，对于大多数消费者来说，由于缺少相关的专业知识，在建成后的房地产品中是难于确切掌握和判断产品质量的，因而缺乏对房地产品质量信息的了解和认识。质量信息的话语权主要在开发商手里，消费者只有通过广告才能得知。四是产权面积信息不对称。产权面积涉及消费者直接的经济利益。但是，对于房地产产权面积的多少是通过由开发商自己申报、政府主管部门进行监测认可这种形式予以确定的。在这一过程中，产权面积大小这一非常关键的信息又主要是由开发商自己向消费者予以公布的，这就极易造成买卖双方在产权面积信息上的不对称，让消费者承担产权面积“缺斤少两”的风险。五是市场供需状况特别是市场供需变动趋势等方面的相关信息不对称。这种信息主要掌握在政府职能部门，一般消费者由于缺少必要的信息获取渠道是很难知晓的。

我国房地产市场的不对称性还表现在市场主体地位的不对称上。虽然买卖双方是房地产市场必不可少的参与主体，但由于各自掌握的资源和在市场中所起的作用不同，买卖双方在市场中的话语权也就不同。在我国，房地产市场虽然经过了几十年的发展，早已开始从卖方市场进入到买方市场。但是，到目前为止，房地产市场的卖方市场的特征并没有完全消失，作为卖方的开发商可以通过手中掌握的丰富信息资源混淆市场规则，愚弄消费者，也可以通过少数开发商寡头式结盟，垄断产品供给和确立垄断价格，让消费者处于被动接受地位。

3. 房地产市场进入难度大，具有不完全竞争性

由于房地产品是价值大、价格高的商品，要进入房地产市场，无论是卖方还是买方，都需要具有较高的条件，因而这就决定了要进入房地产市场的难度很大。这也在一定程度上决定了房地产市场属于不完全竞争市场。根据产品的性质、企业的数量、企业进入市场的难易程度以及企业对产品价格的影响力，新古典经济学将市场分为完全竞争、垄断竞争、寡头垄断和完全垄断四种市场类型。后三种市场类型的市场产品数量都依次低于且价格都依次高于完全竞争市场，也就是说，只要市场竞争不完全，就必然产生效率的损失和社会整体福利的下降。

完全竞争市场必须符合以下条件：一是产品是同质的、无差别的；二是各种生产要素是完全自由流动的；三是信息畅通，市场各方主体拥有完备的信息；四是市场存在大量的买者与卖者，任何一个市场主体都不能单独影响市场价格。然而，房地产产品最大的特点就是每一个产品都是不同质的、非标准化的，同时，无论是卖方还是买方，数量都相对于其他市场来说要少，购买频率很低，再加上房地产市场又是一个信息不对称、高壁垒的垄断性市场，因此，房地产市场属于不完全竞争市场（见表 4.2）。

表 4.2 完全竞争市场与典型的房地产市场的比较

特 征	完全竞争市场	典型的房地产市场
买方和卖方的数目	许多参与者；没有垄断	少数参与者；有时卖方主宰市场，有时买方主宰市场
市场产品信息和市场交换	买卖双方对产品信息都有充分了解，交易很容易发生	买卖双方对信息了解不对称，交易必须是符合法律程序的、复杂的
标准化的产品程度	产品是同质的，标准化的	产品都是不同质的、非标准化的产异产品
移动性大小和购买次数	产品可以在不同的市场之间方便地转移；购买数量相对较小，价格较便宜，可以经常购买，交易频率高	房地产市场是具体地域的，产品无法移动。投资额巨大，产品交易频率很低
政府的作用	政府很少起作用，基本上放任自流	政府通过利用财政和货币工具，以及利用行政法规和政策，在刺激和抑制产业发展中起支配作用
价 格	价格是由供给和需求的平滑移动决定的	价格受需求和供给的相互作用的影响，但是这个作用不平滑

4. 房地产市场是高投资、高收益的市场，具有较强的投机性

在我国，房地产行业开发收益率奇高。许多房地产开发项目的投资收益率往往都超过其他众多国民经济产业部门以及国外成熟的

房地产行业，有的人甚至认为房地产业是暴利行业。虽然由于区位、成本、产品类别等的差异，房地产企业的收益率很难确认，但是，我们还是可以从一些上市房地产企业所公布的财务报告中发现一些与收益率相关的端倪。例如，2009 年，据 Wind 数据统计，沪深两市公布年报的 34 家房地产上市公司，累计实现营业收入 1 390.49 亿元，同比增长 21.94%，实现净利润 184.41 亿元，同比增长 47.91%；近四成房企业绩涨幅在 50%以上，其中 9 家房企的业绩增幅超过 100%。又如，根据对 2011 年上市房企的财务报告的分析发现，A 股地产公司全年毛利率平均约为 32%，净利润率 2011 年全年也达到 15%。其中，万科 2011 年实现营业收入 717.8 亿元，同比增长 41.5%，实现净利润 96.2 亿元，同比增长 32.2%。公司全面摊薄的净资产收益率为 18.2%，2008 年以来连续第三年上升，并创历史新高。保利地产 2011 年实现营业收入 470.28 亿元，较上年同期增加 31.02%，归属于上市公司股东的净利润 65.14 亿元，比上年同期上涨 32.39%。

房地产行业的高回报率有三个后果：一是导致高房价，损害了消费者的利益，加剧贫富分化，破坏社会公平，造成社会矛盾；二是导致产业内部参与主体利益角逐的尖锐化；三是破坏了国家资源分配和产业结构布局，损害了国民经济的平衡发展。

房地产市场由于属于不完全竞争市场，同时房地产品属于大宗商品，其投资额度较高，行业收益也较高，所以就很容易产生市场投机行为。可以说，房地产市场的不完全竞争性是形成房地产市场投机的主要原因之一。房地产市场的投机活动主要源于房地产市场的信息不充分、市场开放程度的有限性以及开发项目的高收益性。另一方面，土地资源的有限性、房地产产品的稀缺性导致房地产产品总体上供不应求，而土地价格和房地产价格一般是由单一的需求价格决定的，从而也使房地产市场具有较强的投机性，出现大肆“囤地捂盘”，甚至哄抬诈骗的现象。

5. 房地产开发经营周期长，供给调节具有滞后性

由于房地产开发周期比较长，从获得土地到建成出售房屋需要一年或长达数年的时间，因而在市场供不应求时，供给的增加需要相当长的时间。由于房地产产品的耐耗性，决定了在市场供过于求时，多余的供给需要相当长的时间才可能被市场消化。同样的道理，紧缺的供给也需要较长时间才能补足，也就是说，在一个具体的房地产市场，供需从不平衡到平衡需要的时间较长，在需求变动后，供给需要相当长一段时间才能随之调节变动，达到新的均衡。

6. 房地产业横跨生产、经营、消费领域，市场活动具有多重性

房地产产业活动涉及生产、流通、消费三大领域，市场活动具有生产活动与经营活动的交织、经营活动与投资活动一体化、经营活动与咨询活动重叠的多重性。同时，房地产市场也是投资品市场和消费品市场的统一体，房地产品具有居住性功能和投资性功能。

7. 房地产市场具有中介机构等参与主体的众多性

正因为房地产业活动跨度大，涉及的活动领域很宽泛，因而房地产产业链条长，附着在产业链条上的利益主体较多。

由于房地产交易额巨大，小则几万、几十万元，大则几亿、几十亿元，因而无论是房地产的直接使用者还是经营者都较难承担，往往需要有金融企业参与资金融通，才能顺利完成交易。另一方面，由于房地产具有保值性、增值性和相对较小的风险性等特征，金融企业也愿意开拓房地产抵押贷款业务，国内外的多数金融企业都参与了房地产的投资和信贷业务。同时，房地产的交易复杂，专业性很强，通常需要中介机构或经纪人参与，提供技术咨询、价格评估、业务代理、法律仲裁等服务，房地产交易才能顺畅进行。因此，房地产中介机构作为房地产交易的一种“润滑剂”，已成为房地产业不可缺少的组成部分。

8. 房地产交易活动既是经济行为又是法律行为

房地产产品具有固定性，在交易过程中与一般商品不同，因而需要运用法律手段，通过一定的法律程序，才能完成产权的变更、转移。为了维护房地产交易双方的利益，保证投资的安全和市场的整体效益，房地产交易必须按照法定的程序，以法律契约，即签订商品房买卖合同的形式，确立、变更、转移有关各方的权利、义务。因此，房地产市场上的交易活动既是一种经济行为，又是一种法律行为。

二、我国房地产市场价格抑制的途径

在我国，由于国情的特殊性，引起房价不断上涨的因素很多，既有供求关系因素，又有产品特性因素，既有经济因素，也有政策、社会因素，既有内部因素，也有外部因素，因此，要有效抑制房价过快、过高上涨，就必须从引起房价上涨的根源入手。

（一）完善土地储备制度

土地储备是指城市政府依照法律程序，运用市场机制，按照土地利用总体规划和城市规划，对通过收回、收购、置换、征用等方法取得的土地进行前期开发、整理，并予以储存，以供应和调控城市各类建设用地需求，确保政府切实垄断土地一级市场的行为[①]。

我国的城市土地属于国家所有，国家是城市土地的所有者，通过有偿有期限地出让土地，形成了土地市场。在这种土地所有制形式下，国家是唯一的土地供给者，通过有偿出让或划拨城市土地使用权，形成了国家占垄断地位的一级市场；从国家取得合法的土地

① 冯曼华. 我国土地收购储备制度研究[D]. 武汉：华中农业大学，2004.

使用权在合同规定的范围内可以进入市场流通，有偿转让或转租，形成竞争性的土地二级市场或者三级市场。

土地储备制度最早起源于 1896 年的荷兰。到 20 世纪初期，许多欧洲国家开始实行土地储备制度，例如瑞典、比利时、丹麦、法国等，继而加拿大、美国、澳大利亚等国家也相继推行了土地储备制度。起初，这些国家建立土地储备制度是为了有效地解决城市化进程中遇到的问题，如交通用地、市政设施和住房困难等问题，又如保护植被、公园和其他公共土地，开发新的城区和改造旧的城区。土地储备对于促进城市的有序发展，提高土地利用效率，效果是显著的。许多城市通过土地收购储备制度，取得了城市发展所需的建设用地，拓展了城市的边界，为新增的城市人口提供了居住用地，缓解了城市的居住压力，例如法国的巴黎、荷兰的四大都市、瑞典的斯德哥尔摩地区等。这些国家经营城市的成功经验对我国城市化进程具有不可或缺的借鉴作用。

我国的土地储备制度起源于“国有企业三年脱困”的目标，初衷是为了帮助国企改革。这个制度于 20 世纪末在沪杭地区最早出现，后来经国务院认可且被全国大部分城市模仿和推行。1996 年，上海成立我国第一所土地储备机构。2001 年 4 月，国务院发布的《关于加强国有土地资产管理的通知》指出：为增强政府对土地市场的调控能力，有条件的地方政府要对建设用地试行收购储备制度。市、县人民政府可划出部分土地收益用于收购土地，金融机构要依法提供信贷支持。随后全国大部分城市开始建立土地储备机构，推行土地储备制度。2007 年国土资源部、财政部、中国人民银行联合定制发布《土地储备管理办法》，以“完善土地储备制度，加强土地调控，规范土地市场运行，促进土地节约集约利用，提高建设用地保障能力”为目的，就土地储备的计划与管理、范围与程序、开发与利用、土地供应、资金管理等事项进行规范。

从 1996 年上海成立第一家土地储备机构至今，全国已经设立了土地收购储备机构 2 000 余家，对城市中分散、粗放的土地统一收购整合，积极开发城市郊区的土地，统一管理、统一出让，并采用招、拍、挂的土地出让机制，加大了土地的供给，使城市土地的效益达到最大化。

土地储备机制是基于供应和调控城市各类建设用地的供给与需求而建立起来的，其不仅有利于城市规划的有效实施、盘活土地资产和城市旧城改造，还有利于积累城市建设资金和土地资源的集约利用，特别是土地储备更有利于增强政府对城市土地市场的调控能力，利于缓解土地供需矛盾，平抑土地价格。土地市场是房地产市场运行的基础。土地储备作为政府对土地市场进行宏观调控的一个手段，通过科学的土地供应计划，对土地市场进行宏观调控而实现土地总供给与总需求的平衡，防止地价的暴涨暴跌，保证社会经济的持续、稳定、协调增长。

然而，目前我国土地储备制度还存在许多不足和问题，主要表现在以下几个方面：

其一，土地储备机构定位模糊，运作模式不规范。如果土地储备机构是政府机构，那么应该以实现公共利益最大化为宗旨；如果储备机构是公司，那么以追求企业利润最大化为目标，赚取利润无可厚非。而现实的情况是，土地储备机构既像政府部门，要履行调控土地价格的义务，又像公司企业，在土地收购储备中“低买高卖”赚取差价。由于我国现有的法律关于土地储备方面的规定还不够完善，土地一级市场的法律法规几乎空白，土地收购储备工作缺乏法律依据。现行法律条文中对土地储备机构的职能定位也还没有一个明确的规定，也难以在法律规范下开展业务，也不便于进行跨区域合作。土地储备机构主体地位定位不明晰，有碍于其职能的发挥和功能的实现。

其二，土地收购储备运作中蕴含着金融风险和道德风险。土地收购储备资金除一部分来自政府土地出让金和国有土地收益基金的财政拨款外，目前多数周转资金来自银行贷款或其他金融机构贷款，各类银行贷款一般占土地储备机构运营资金的 70 ~ 90%，个别地方甚至接近100%。这种融资方式隐藏着巨大的风险。[①]融资渠道的单一和过高的资产负债比都会增大运营的风险。同时，如果房地产市场形势发生变化，需求量萎缩，土地储备中的金融风险就会强力爆发出来。另外，土地储备制度的建立，虽然杜绝了土地多头供给的现象，但是城市政府则把土地垄断合法化。对稀缺资源的垄断很容易导致权力寻租，滋生腐败。所以，现行土地收购储备管理机制和管理制度的缺陷将使得收购储备人员素质在廉洁行政方面存在着巨大的行政和道德风险。

其三，土地收购储备偏离调控的目的，而且调控效果不佳。土地储备制度设立的初衷是调控土地市场，在土地价格上涨时增加土地供给从而平抑价格，在土地价格下跌时储备土地——土地储备机构就像一个“蓄水池”。如果处在房地产市场繁荣时期，房屋的需求和供给同步扩大，房屋价格上涨，土地价格也随之上涨。土地储备机构在这一时期进行土地的供给，获得利润也是自然而然的事。但是，如果土地储备机构把牟利视为首要目的，以地生财，那么将偏离当初设立的初衷。目前，有部分地方政府把土地收购储备当成牟利的工具，增加地方财政收入。

据搜房网发布的《2010年中国房地产企业土地储备排行榜》显示，全国排名前三的恒大、绿地、碧桂园储地面积分别为9 600万平方米、4 692万平方米、4 630万平方米；排名前十的房企囤地面积总量超4.3亿平方米，如果以人均30平方米的居住空间计算，足够1 400万人居住。这么多的土地储备足够让这些公司开发十几年甚至几十年。因此，房地产开发企业手中握有如此多的土地储备，每个企业也相当于土地“蓄水池”。开发商捂地量增多，会极大地弱化政府土地储备机构的功能，使其在平抑土地供应量、抑制房价上不能发挥应有的作用。

为什么会产生国家土地储备机构职能弱化，开发商手中握有大

① 黄志斌.从哪来 怎么用 如何管——略谈土地收购储备制度运行中的资金问题［J］.中国土地，2006（3）:30-31.

量土地的情况呢？原因是多方面的：

首先是土地开发管理制度不完善，执行不严格，存在制度性漏洞。在1999年国土资源部通过并于2012年又进行修订的《闲置土地处理办法》中明确规定：建设用地如果超过国有建设用地使用权有偿使用合同或者划拨决定书约定、规定的动工开发日期满一年未动工开发的国有建设用地，或者已动工开发但开发建设用地面积占应动工开发建设用地总面积不足三分之一或者已投资额占总投资额不足百分之二十五而中止开发建设满一年的国有建设用地，国家将予以罚款，两年未开发的将无偿收回。但是，这一政策在实际的执行过程中很不严格，大多数延迟开发甚至多年不开发的土地都可以在《闲置土地处理办法》所列的“属于政府、政府有关部门的行为造成动工开发延迟的”不属于收回范畴的这一条款下逃脱处罚。

其次是用地审批和土地开发脱节，缺乏有效的跟踪监督。在我国，土地使用权审批主要在国土部门，而房地产开发建设业务与开发进度主要由建设部门管理，两个部门虽然有联系，但各自管理着房地产开发过程的不同环节，缺少必要的沟通和信息传递，很容易造成土地监管部门对土地使用进展情况缺少了解，从而为开发商囤地、捂地提供了可能。

其三是开发商实力的增强。在以前，我国的房地产企业实力还很弱小，资金力量还不强，但随着房地产市场的发展，特别是因为连续多年的房地产业的高利润，许多开发企业都积累了较为丰厚的资本，具备了大量捂地的实力。

开发商大量囤地、储备土地，抵消了国家土地储备机构用土地“蓄水池”调节土地市场供需平衡的效用。土地储备机构“放水”，握有巨资的房地产开发企业就“吸水”；土地储备机构“蓄水”，房地产开发企业就“放水”，开发自身的存量土地，因而使房地产市场供需状况基本不受调控的影响。甚至，开发商通过大量的捂地，减少开发土地供给，人为造成土地供不应求。据国际物业咨询机构戴德梁行的一份报告，1998~2008年，我国用于房地产开发的土地购

置面积达到 31.3×10^8 平方米，截至 2008 年年底，全国土地开发量仅为 19.4×10^8 平方米，仅占土地购置总量的 62%，有 11.9×10^8 平方米的土地仍然囤积在开发商手中，开发商囤地的数量之巨由此可见一斑。开发商大量囤地使土地市场供求信息失真，开发商一方面鼓吹政府要增加土地供应量，另一方面大量买地、囤地，其实际上就是转移高房价的焦点，推脱责任，等待升值，牟取暴利。

因此，在我国土地储备制度的建设过程中，如何处理好国家土地储备与企业土地储备的关系，是一个亟待研究的课题。

笔者认为，应该加大对企业土地储备情况的监控，限制企业储备数量，加大对闲置土地的处罚力度，否则，国家土地储备制度对土地市场供需矛盾调节功能就会被企业自身握有的丰富土地数量所冲抵，达不到平抑土地价格的目的。

1. 建立健全土地储备的法律法规

城市土地市场是城市各项权益让渡、交易、流通的场所，涉及方方面面的利益关系。为了保障土地权益和调控政策的合法性，必须以法律作为配置城市土地资源的主要手段。但是，我国恰恰缺乏土地储备的法律支持体系，土地储备没有法律可依。各地出台的土地收购储备实施办法一直维持在地方性法规水平上，没有全国统一的法律和法规。

在实施城市土地收购储备的过程中，如果出现法律纠纷事件，就会发生没有法律可以依据的情况。因而必须尽快修改《中华人民共和国土地管理法》，以弥补土地收购储备体系中存在的法律缺失；应增加关于土地收购、储备和供应的条例，明确土地购买和储备的具体细节，明确界定合法的土地储备范围。

第一，明确土地收购、储备行为的法律性质。土地储备制度要体现出国家宏观调控和积极干预土地市场的意图和目的，在法律方面就要明确土地收购储备制度的性质。国家公共权力对土地市场的介入，是国家赋予政府在土地收购上享有的强制性和优先权，在土地供给上的唯一合法权。

第二，通过法律的形式，为地方土地储备机构定位。从土地储备职能、征用范围、拆迁、规划、前期开发、资金管理和储备土地供应等方面，严格规范地方土地储备机构的行为，明确土地储备单位的类别和性质，保证土地储备机构最大限度地按照公共利益开展土地储备工作。

第三，进一步具体明确土地的收益分配。合理并明确地分配中央政府和地方政府、政府与原土地使用者、政府部门内部间的收益，做到收益分配有法可依。例如出让一块土地取得一亿元人民币的收入，多大比例上缴财政，多大比例付给原土地使用者，多大比例留给土地储备机构。通过这样的处置，争取有效化解许多社会矛盾和冲突，使土地储备运作协调可持续发展。

第四，要坚持合理高效的土地储备运作原则。土地储备要高效运作应遵循一定的法律原则，例如合法运作原则、资源优化配置原则、可持续发展原则、土地使用权竞争性出让原则、社会效益优先原则。

2. 完善土地储备中的资金筹措与运行机制

目前，我国的土地储备运作过程中的资金主要依靠银行贷款，这种单一的融资模式存在极大的风险。相关部门应该尽快拓展土地储备中心的融资渠道，完善资金运行机制，保证土地储备的正常运行，防范金融风险，促进房地产市场和金融市场的稳定发展。

要广泛开拓资金筹集渠道，应吸引社会资金投入土地收购储备领域，探索多渠道筹集资金方式，引入土地资产证券化和土地产业投资基金，及时化解融资风险，共享土地增值收益。

3. 加强对土地收购、储备、供应环节的监管

在我国，土地问题是关乎国家安危、百姓生计的重要问题，应建立土地储备工作信息公开制度，建立一种高度透明的信息机制，

尽量公开土地储备机构在土地收购、开发、储备和出让环节中的资料和信息，以便于各方监督。同时，通过公开年度土地出让计划、一级土地市场交易资料、土地储备数量等市场信息，促进房地产开发市场的理性发展，引导开发商根据信息进行分析预测，做出理性的投资决策。在实施土地储备制度的过程中，应该保持土地储备机构的相对独立，减少政府的过多干预，保证土地储备制度目标的实现，防止地方政府的短视行为。

政府授权的城市土地储备机构在某种程度上类似于一个市场垄断性企业，因此必须进行监督，尤其是对城市土地的收购价格和出让价格进行监管和调控，实现经济效益和社会效益的最大化。内部要建立健全土地储备的监督机制，对土地收购、储备和出让环节予以监督，以保障政府调控土地市场目标的实现。建立土地储备管理委员会，负责指导和监管城市土地储备中心的运作。注重对土地资金运转的监督，消除腐败隐患。应当建立土地储备工作信息公开制度，尽量公开储备机构在土地收购、开发、储备和出让中的资料和信息，便于各方面的监督或投诉，防止暗箱操作。

4. 明确对囤地行为的界定，加强对囤地的处罚力度

闲置土地清理看似简单，实际上要涉及闲置情况的认定、处罚手段的选择等一系列问题。这也是一直以来闲置用地难以得到有效控制的主要症结。虽然我国政府规定，一年未动工可征收土地出让金20%以下土地闲置费，闲置两年以上可无偿收回土地。但由于企业对开工期应对有策，以及地方政府执行意愿不强，政策执行力度大打折扣。

对于存量土地，房产开发商有囤地和开发两种策略，政府有监管和不监管两种策略。房产开发商追求的是利益最大化，在经济利益的驱动下会产生囤积土地的行为，要么囤地多年以后再开发以获得更多收益，要么待到土地价格上涨以后转让土地。当囤地的收益大于开发房屋的收益，就会选择囤地；当政府对囤地的罚款大于囤

地的收益，则会选择开发。政府追求的是外部经济性，当囤地造成的影响过大时，就会选择监管；当囤地造成的影响不大，又因为监管带来成本，政府则选择不监管。地方政府要执行中央政府的政策，又要顾及居民对高房价的忍受程度，所以要对土地储备实施调控和管理，进行有效监管。在此，我们可以用博弈论加以分析。为了表述方便，对监督博弈模型中的双方作如下假设：

（1）政府作为监督管理部门，掌握翔实的信息和各种资源，并具有行政强制力，若对企业过度储备土地的行为进行监督，则肯定能发现企业的囤地行为。用 C 表示政府的监督成本。但是考虑到这种监督行为不仅成本大、导致财政收入下降，还会抑制当地的投资，所以，政府就有可能采取宽松的监督政策。用 J 表示政府进行监督的概率。

（2）房地产商担心受到政府监管并导致被罚款，选择开发储备库中的土地。用 T 表示企业囤地的概率大小，用 R_1 表示企业囤地的收益大小，用 R_2 表示企业的开发收益。（此处设定 $R_1>R_2$）

（3）当检查出房产开发企业的囤地行为时，地方政府给予房产企业经济处罚，处罚的金额为企业囤地收益的 M 倍，即 MR_1。

（4）当房地产开发企业按期开发土地时，政府不用承受舆论压力并带来赞誉，这个效益（赞誉）用 V 表示。

其关系矩阵如表 4.3 所示。

表 4.3 房地产开发企业和政府在监督博弈中的支付矩阵

政府采取的策略	企业采取的策略	
	B_1（开发）	B_2（囤地）
A_1（监管）	$V-C$，R_2	MR_1-C，$(1-M)R_1$
A_2（不监管）	V，R_2	0，R_1

这是一个混合策略的纳什均衡，为了计算方便，用矩阵表示双方的支付。

地方政府的支付矩阵（$\boldsymbol{P}_1$）为：

$$\boldsymbol{P}_1=\begin{bmatrix} V-C & MR_1-C \\ V & 0 \end{bmatrix} \tag{①}$$

房地产开发企业的支付矩阵（$\boldsymbol{P}_2$）为：

$$\boldsymbol{P}_2=\begin{bmatrix} R_2 & (1-V)R_1 \\ R_2 & R_1 \end{bmatrix} \tag{②}$$

政府的策略概率矩阵为：

$$\boldsymbol{G}=[J \quad 1-J] \tag{③}$$

房产开发企业的策略概率矩阵为：

$$\boldsymbol{E}=[1-T \quad T] \tag{④}$$

联立①～④ 式，得到政府和房地产企业的期望支付分别为 E_{a} 和 E_{b}：

$$\begin{aligned} E_{\mathrm{a}} &= \boldsymbol{G}\boldsymbol{P}_1\boldsymbol{E}^{\mathrm{T}}=[J \quad 1-J]\begin{bmatrix} V-C & MR_1-C \\ V & 0 \end{bmatrix}\begin{bmatrix} 1-T \\ T \end{bmatrix} \\ &= (V-JC)(1-T)+(MR_1-C)JT \end{aligned}$$

$$\begin{aligned} E_{\mathrm{b}} &= \boldsymbol{G}\boldsymbol{P}_2\boldsymbol{E}^{\mathrm{T}}=[J \quad 1-J]\begin{bmatrix} R_2 & (1-M)R_1 \\ R_2 & R_1 \end{bmatrix}\begin{bmatrix} 1-T \\ T \end{bmatrix} \\ &= R_2(1-T)+(1-MJ)R_1T \end{aligned}$$

当 T 给定时，政府选择监管（J=1）和不监管（J=0）的期望收益分别为：

政府进行监管（J=1），则

$$E_{\mathrm{a}}\big|_{J=1}=(V-C)(1-T)+(MR_1-C)\times T=V-C-VT+MR_1T$$

政府不进行监管（$J=0$），则

$$E_{\mathrm{a}}\big|_{\mathrm{J}=0}=V(1-T)$$

由 $E_{a}\big|_{J=1}=E_{a}\big|_{J=0}$，得到最优策略时企业囤地的临界概率 $T^{*}=C/MR_{1}$。C/MR_{1} 的含义是监督成本与罚款的比值。若 $C/MR_{1}=1$ 说明政府获得的罚款和付出的成本相等，政府可以选择监督或不监督，效用一样；若 $C/MR_{1}<1$，说明监督的成本小于罚款收入，政府当然选择监督；若 $C/MR_{1}>1$，说明监督的成本过大，政府当然选择不监督。

当 J 给定时，房地产开发企业选择囤地（T=1）和不囤地（开发）（T=0）的期望收益分别为：

房地产开发企业选择囤地（T=1），则

$$E_{b}\big|_{T=1}=(1-MJ)R_{1}$$

房地产开发企业选择及时开发 $(T=0)$，则

$$E_{b}\big|_{T=0}=R_{2}$$

由 $E_{b}\big|_{T=1}=E_{b}\big|_{T=0}$，得到最优策略时政府进行监督的临界概率 $J^{*}=(R_{1}-R_{2})/MR_{1}$。$(R_{1}-R_{2})/MR_{1}$ 的含义是企业囤地的额外利润与囤地的罚款之比。若 $(R_{1}-R_{2})/MR_{1}-1$，即囤地的罚款等于企业囤地的额外利润，意味着企业因囤地赚取的额外利润将被罚光，囤地毫无意义；若 $(R_{1}-R_{2})/MR_{1}<1$，意味着囤地的罚款大于企业囤地的额外利润，使企业囤地不仅不获益还要亏损，所以企业当然选择及时开发，若 $(R_{1}-R_{2})/MR_{1}>1$，意味着囤地的罚款小于企业囤地的额外利润，表明因囤地获益大，就算企业囤地被罚款，抵消罚款后企业仍然能获益，所以企业当然选择囤地。

所以，要管控企业囤地行为，打击非法囤地，关键在惩罚力度 M。惩罚力度 M 的临界值为（$R_{1}-R_{2}$）/R_{1}。随着处罚力度 M 的增大，政府需进行的监督概率就减小，同时房地产开发企业选择囤地的概率也相应减小。这也符合常理，随着处罚力度的增大，房地产开发商都不敢违规，违规的风险太大。同理也可以得出，在其他各条件保持不变时，企业囤地相比开发带来的收入越大，政府选择监

督的概率也将越大。而政府监督成本 C 的不断增加，会使企业选择囤地的概率增大，但是政府需要进行监督的概率并不受监督成本 C 变化的影响。

我国政府要控制和打击囤地行为，只有加紧完善土地管理利用的相关法律法规，加强土地管理执法机构建设，实行土地市场和土地出让过程的动态监测和监管。要明确对囤地行为的界定，已经办理审批手续的非农业建设占用耕地，一年以上未动工建设的，应当按照省、自治区、直辖市的规定缴纳闲置费。已经办理审批手续的非农业建设占用耕地，连续两年未使用的，经原批准机关批准，由县级以上人民政府无偿收回土地使用者的土地使用权。

闲置土地的治理相对比较复杂，要涉及闲置情况的认定、闲置时间的核算、处罚手段的选择等一系列问题。这也是一直以来，闲置土地没有得到有效管理的原因。开发商一般采取以下几种方式囤地：一是用假开发应付检查。开发商往往挖个大坑，建几个水泥柱，就代表着地块已经开工；建个围墙，就表示三分之二面积已经动工。上级政府检查团来的时候挖几个坑，等检查团走了又继续按兵不动。二是在开工的截止日期之前修改规划，推迟开工日期，使囤地变得顺理成章。三是大地块分批分期开发，使本来要在一两年内开发完成的项目变成了五六年。在延期开发的时期中，地价上涨，房地产开发商获得囤地收益。虽然我国政府规定，一年未动工可征收土地出让金20%以下土地闲置费，闲置两年以上可无偿收回土地。但由于房地产企业对开工时间、开工与否有应付检查的办法，并且地方政府执行力度不强，所以，政策执行效果大打折扣。

中央政府对打击土地囤积的政策不能放松，对于已经出让的土地而被闲置的，国土部门还可以采取以下四个有效的措施：一是严格执行土地增值税，以此提高囤地的成本；二是国土部门要严格管理土地的开工、竣工时间，在出让土地时要登记备案；三是通过征收房产税斩断地方政府与开发商的利益链条，从根本上打击囤地；四是为每一块地建一个档案，不定期地利用卫星定位系统对每一块土地进行检测，国土资源部也可以直接下到地方的土地项目进行实地检查。

5. 提高开发商囤地成本，增强土地储备机制的市场调节能力

在以前，开发商购买土地首次缴纳土地总价款的比例很低，很多地方采用的是“343”或者“334”原则，也就是土地出让价款的首付为30%，中期支付40%，余下的30%最后补齐。2009年12月，财政部、国土部等五部委联合出台了《进一步加强土地出让收支管理的通知》，首次将缴款最低比例提高至全部土地出让款的50%。虽然如此，开发商的“捂地”成本还是很低的，特别是对于实力雄厚的开发商来说，资金占用量很小。而且，在很多时候，开发商还可以通过贷款方式缓解资金压力和转移风险。同时，捂地之后带来的土地价值增长效益远远超过捂地风险。成本低、风险小、收益大，是开发商大量捂地的重要原因。因此，只有加大土地款首付比例，严格限制金融机构对土地出让金的借款，加大市场机构囤地的经济成本和政治成本，才可能抑制囤地、捂地行为，进而才能增强土地储备机制对土地市场供求的调节能力。

6. 对开发商要实行续地限制政策

政府要通过财务专项审计对开发商的土地使用情况进行强制介入和强制监督，要把继续拿地和已拿土地的开发进度、开发比例挂钩。如果开发商已经获得开发权的土地未开发比例较高，应终止其继续竞买、投标土地的资格。

（二）控制土地投放方式和节奏

为了平抑房地产价格，地方政府应该合理控制土地投放方式和投放节奏。土地投放方式和节奏属于政府向市场供地的策略性问题。如果政府在供地策略上能够掌握好节奏，在一定程度上也可以对土

地价格和房价起到很好的调节作用。

土地的供给必须注意几个方面的问题：

一是政府需要选择好方式，比如是采取集中投放方式，还是分散投放方式，还是二者相结合的方式。

二是要把握好供地类型与比例。土地有多种类型，政府在向市场供地时，要把保障低收入购房者的购房需求作为考虑的重点，对于高档住宅、高档娱乐项目用地，应当注意供地规模。对于面向普通百姓的经济适用房的建设用地需求，价格要放低，应大力增加保障性住房的土地供给量。对开发高档的商品房、别墅等用地需求，不仅要以高地价、高税收加以限制，还要从土地供给总量上加以限制。可喜的是，中央政府正在采取有力措施，国土资源部、国家发改委在 2006 年联合发布了《限制用地项目目录》和《禁止用地项目目录》，影视城、赛车场、公墓等被列为限制用地项目，别墅、高尔夫球场、赛马场等项目用地则被明令禁止。

三是要把握好总体供地规模，实行区分区域供地。在一定时期内，全国及各地方政府都应该依据市场情况，确定土地供应数量计划。特别是对于经济发展速度较快，人口增长迅速，或者因为其他原因确实需要供地的区域，应保证及时、足量供地，但对于经济发展速度不够，人口增长缓慢甚至负增长的区域，中央政府应当干预地方政府随意盲目供地。此外，要防止误入开发商的土地供给量偏少的圈套。目前，在土地供应方面的现实情况是，开发商一方面鼓吹政府要增加土地供应量，另一方面大量买地、囤地，其实际上就是转移高房价的焦点，推脱责任，等待升值，牟取暴利。若真的大量增加土地供应，就会落入开发商的“圈套”，政府手中的调控资源越来越少，而开发商却越来越主动。在 2007 ~ 2011 年五年中，全国总共向市场供应土地 212.98 万公顷，其中住宅用地总共供应了 42.25 万公顷，占总量的 19.8%（见表 4.4）。从此数据我们可以推算出，这五年中国家投放的住宅用地总量如果按 3 倍容积率和 2011 年城镇居民总人数（69 079 万人）计算的话，那么，我国城镇居民人均住宅建筑面积就可以达到 18.34 平方米。这一数据至少可以说明两个问题：一是土地供应量不是太少，二是商品住宅存在严重的不均，有的人拥有住宅面积较多。因此，把握好土地供应规模和供应方式，建立区分区域供地机制是有必要的。

表 4.4　2007～2011 年我国国有建设用地供应情况

（单位：万公顷）

年份	国有建设用地实际供应总量	住宅用地供应总量	住宅用地所占比例（%）
2007	41.3	5.09	12.3
2008	38.19	5.5	14.4
2009	31.9	7.7	24.1
2010	42.82	11.44	26.7
2011	58.77	12.52	21.3
合计	212.98	42.25	19.8

（数据来源：历年中国国土资源公报）

四是要把握好土地投放时机。对于土地市场来说，要依据土地供需情况来选择供地时机。地价上涨时多供地，地价下跌时少供地。

作为政府重要的土地管理部门和职能机构应该调查清楚当地当时的土地存量，掌握全面的信息，做到对土地市场供求两方面的全盘掌控。这样才能根据市场的实际需要和经济发展情况，准确掌握土地投放总量，把握好土地供应节奏，达到土地市场供给与需求的相对平衡，控制土地价格的无限制攀升。

（三）加快建设保障性住房，改善市场房地产品供需结构

正如我们在第二章分析的那样，房地产市场受产品供需结构的

影响很大，房地产价格的高企和市场供需矛盾突出直接相关，因此，要从改善供需结构入手来平抑房价。而改善供需结构的关键在于解决低收入群体的购房问题。

解决低收入者住房问题，重点在于保障性住房的建设和供给。保障性住房是与商品房相对应的一个概念，是指政府为中低收入住房困难家庭所提供的限定标准、限定价格或租金的住房，一般包括廉租住房、经济适用住房和政策性租赁住房。

1．廉租住房

廉租房是指政府以租金补贴或实物配租的方式向符合城镇居民最低生活保障标准且住房困难的家庭提供社会保障性质的住房。廉租房的分配形式以租金补贴为主，以实物配租和租金减免为辅。

2．经济适用住房

经济适用住房是指已经列入国家计划，由城市政府组织房地产开发企业或者集资建房单位建造，以微利价向城镇中低收入家庭出售的住房。它是具有社会保障性质的商品住宅，具有经济性和适用性的特点。经济性，是指住房的价格相对同期市场价格来说是适中的，适合中等及低收入家庭的负担能力。适用性，是指在房屋的建筑标准上不能消减和降低，要达到一定的使用效果。和其他许多国家一样，经济适用房是国家为低收入人群解决住房问题所做出的政策性安排。

经济适用住房政策是随着中国住房制度改革的不断深化提出来的。最早是 1991 年 6 月，国务院在《关于继续积极稳妥地进行城镇住房制度改革的通知》(国发〔1991〕30 号文件)中提出："大力发展经济适用的商品房就是解决无房户和住房困难户的住房问题"。1994 年 7 月 18 日，国务院《关于深化城镇住房制度改革的决定》中进一步提出："各地人民政府要十分重视经济适用住房的开发建设，加快解决中低收入家庭的住房问题"。1995 年 1 月 20 日，国务院住房制度改革领导小组提出《国家安居工程实施方案》，开始了以安居工程为主要形式的经济适用住房的建设。安居工程的实施，为改善中低收入人群的住房提供了一个契机。但是由于诸多方面的原因，其改善中低收入的相关措施并没有得到根本落实，对于中低收入家庭的住房改善没有一个全面而有效的实施方法。对此，1998 年 7 月 13 日，国务院《关于进一步深化城镇住房制度改革，加快住房建设的通知》（国发〔1998〕23 号文件）中，进一步明确了“建立和完善以经济适用住房为主的住房供应体系，对不同收入家庭实行不同的住房供应政策。最低收入家庭租赁由政府或单位提供的廉租住房，中低收入家庭购买经济适用住房，高收入家庭购买、租赁市场价商品房。”同时，国家发展计划委员会、建设部、国土资源部和中国人民银行联合发出了《关于进一步加快经济适用住房（安居工程）建设有关问题的通知》，从行政事业单位收费减半、放宽住房信贷条件和在建工程抵押等各方面，为经济适用住房的贯彻、落实作了明确和系统的规定。至此，经济适用住房的建设作为国家解决城镇居民住房的主要途径被确定下来。

2004 年 4 月 13 日，针对经济适用住房在建设标准、销售价格和销售对象等方面出现的失控局面，建设部、国家发改委国土资源部、人民银行又联合下发了《关于印发经济适用住房管理办法的通知》，这是我国第一部针对经济适用住房建设而出台的比较完整的管理办法。

3. 政策性租赁住房

政策性租赁住房是以低于市场的租金，给不属于廉租住房和经济适用住房政策范围且家庭收入低于当地城镇居民平均工资水平的城镇中低收入住房困难家庭、城镇房屋拆迁户、引进的高级技术人员、异地调动的机关干部，解决其过渡性居住问题所提供的由政府开发的保障性住房。

刚性需求是一种相对于弹性需求而言的、商品供求关系中受价格影响较小的需求。由于历史欠账较多、我国人均住房面积还不够高、城市化使城镇人口快速增加等原因，我国居民对住房的需求呈现出较为刚性的特征。我国刚性住宅需求市场的主要需求者是低收入者。所以，实现住房保障不仅仅是为了保护社会低收入阶层的利益，而且也为了其他人的福利的最大化。因为社会稳定可以使全体社会成员以较低的代价获得最大的利益。对于一个不断走向富裕、不断走向公正的社会，人人享有一定的住房是全民性的社会生存权利。

安居是民生之本，满足全社会成员的多层次的住房需求，不仅是经济问题，更是重大的社会问题和政治问题。作为一个人口众多的大国，房价调控的最终目的之一是改善民生，保护自住性需求是体现住房市场民生特点的重要标志。自住性需求是住房市场合理、健康的需求，应该受到国家相关政策的支持保障，需要注意政策变动对民生的影响，需要努力保持政策的基本稳定和连续。加大保障性住房建设、保障刚性需求的消费群体是社会和谐发展、改善民生的必然要求。

住宅销售虽然是以平方米作为最基本的计价单位，但是套则是最基本的消费单元和最基本的销售单位。由于保障性住房单套面积较小，在同样土地供给的情况下，可以增加全社会总住房供应量，改善房地产供需市场结构，缓解房地产市场供需不平衡的局面，起到抑制房价过快上涨的效果。

楼市调控从表面上看是调房价，实质上是调结构，而增加保障房和中小套型普通商品房的比重无疑对于楼市结构的调整具有十分重要的意义。2011 年保障性住房建设达到前所未有的高度，截至 2011 年 10 月末，全国开工建设 1 033 万套保障性安居住房，超额完成了年初确定的开工建设 1 000 万套的目标，同比增长 75.1%，是保障性住房建设发展最快的一年。2011 年公共租赁住房建设速度大幅提高。2010 年全国建设公共租赁住房 40 万套，而 2011 年计划建设 220 万套，是 2010 年的 5.5 倍。保障性住房建设的大幅提高，为缓解住房紧张及社会和谐起到积极的促进作用。

目前商品房存在高档化、面积大型化的趋势，低档商品房和小户型的商品房市场供给不足，这是市场配置资源的结果，符合房地产开发企业的利益。因此，在低档商品房和小户型商品房的供给上存在市场不足时，需要政府干预以弥补市场失灵，需要加大保障房的供给，以解决中低收入家庭的住房问题，缓解房地产市场的供给与需求矛盾。

房地产市场从根本上来说，是由供需关系决定的。供需关系得到调整，那么房地产市场价格自然也会得到调整。保障性住房过少、商品房相对过多是相当长一段时间以来我国房地产市场的主要问题。这种住房供需结构性问题，如果得不到有效解决，那么，房地产价格问题就不会得到根本解决。据国土资源部的数据显示，仅2009 年前三季度，全国住宅用地供应同比增长 8.7%，但其中中低价位、中小套型普通商品房用地供应却同比减少 45%，占住宅用地供应量的 14.9%，同比下降 14.6 个百分点。来自全国工商联房地产商会的数据也表明，2009 年国家下达的保障性住房建设计划中，全国计划投入 1 676 亿元，其中，中央投入 493 亿元，占 29.4%，地方配套 1 183 亿元，占 70.6%。但截至 2009 年 8 月底，全国保障性住房建设仅完成投资 394.9 亿元，完成率为 23.6%，严重低于预期。

一方面是保障性住房缺口巨大，建设进展缓慢，广大中低收入者的住房需求没有得到根本性的解决，消费不足；另一方面，相当比例的高收入阶层拥有多套住房，导致投资性和投机性需求旺盛，消费过度，房地产市场“虚火”旺盛。数据显示，目前我国部分城市租售价格比为 1∶800，大部分大中城市房价收入比超过 6 倍，北京、上海和深圳等城市许多楼盘空置率接近 50%。而国际公认的合理租售价格比在 1∶200 至 1∶300 之间，房价收入比在 3 至 6 倍之间，商品房空置率在 5%至 10%之间。透过国际上衡量房地产市场是否过热的三个主要指标——租售价格比、房价收入比和商品房空置率，可以发现，我国都严重偏离正常值。

经验表明，保障性住房建设的杠杆作用十分明显，具有很强的带动和辐射作用。一是可以改善城市中低收入居民的居住条件，平息社会公众的不满情绪，促进社会和谐稳定。二是直接影响现有待售房地产项目和未来开发商开发项目的价格，有利于平抑房价过快上涨，降低租售价格比和商品房空置率，最终重塑社会公众对房地产市场的信心。三是有利于城乡居民特别是中低收入居民扩大消费。

改善房地产市场的供需状况，加大保障性住房供给，必须用好行政和市场"两只手"。一是调整房地产市场结构，实施廉租房和商品房"双轨制"。廉租房的建设由中央政府主导，严格规范地方政府建设廉租房的比例。在没有达到廉租房建设比例的情况下，严格控制商品房的开发。而商品房的开发则可以由市场进行确定。但是建设用地要从严审批，购房要缴纳专门的税金，购买多套住宅还要缴纳额外税金。二是对地方政府实施"问责制"。在考核地方政府官员绩效时，不仅仅看重 GDP 的高低，同时纳入拍卖土地价格、廉租房占商品房的比例、商品房价格增幅、商品房空置率等代表民生状况的综合指标，对那些没有完成国家下达的中低价位房、经济适用房和廉租住房建设的地方，要有具体的惩罚措施。"国十一条"明确了地方政府的责任，省级政府对房地产市场稳定负总责。三是要切实保证保障性住房住户购房的落实。在保障性住户条件的制定、身份的确认、购房程序的规范等环节，都要依法、公正、透明操作，切实防范不符条件的人占用保障性住房指标，应坚决杜绝操作过程中的徇私枉法行为。四是抑制炒作投机行为。充分运用土地出让金、营业税、物业税、房产税、遗产税和贷款首付等财税金融政策和杠杆，根据国家宏观和微观经济形势随时规范和调控房地产市场。提高同一借款人购买多套房的首付比例，贷款利率不得下浮。对购买多套住房的，应逐级提高购房纳税标准。

除此以外，还应该尽快整合数据资源，循序渐进、逐步建立起个人征信制度，为衡定廉租住房、经济适用房的标准提供判断的依据，以保证住房保障目标与实施效果的一致性。

（四）加强政策解析，转换舆论导向

房地产价格上涨除了经济、政治原因外，还有社会心理原因。人们对房地产市场的心理预期在很大程度上是左右房地产价格上涨的最重要的原因。任何商品的购买都是由欲望促成的，而购买欲望的产生不仅来自真实的需求，更来自心理的判断。

在房地产消费中，影响消费者心理预期的因素很多，其中，最重要的因素则是对房地产政策信息掌握不够，对政策的含义理解不透，导致了对房地产市场的误读，从而产生非理性的购房决策和非理智的购房消费。

1. 抑制房价需要加强政策解析

政策解析就是对政府政策行为向政策受众给出的正确解读，其目的是帮助广大居民进行正确的政策理解，化解误识，消除担忧，增强政策信心。特别是对于公共政策来说，消除广大民众的政策误解，不仅有利于人们接受政策约束，提高政策效率，而且有利于引导政策客体采取正确的决策。

自改革开放以后，我国所颁布的各种房地产政策、法规数量不少，既有全国性法规，又有地方性法规。面对这么多的法律法规，我国的许多老百姓是根本无法理解清楚其间的含义的，特别是对一些关键性的法律法规，至今许多消费者都存在着认识误区。我国是公有制国家，任何类型的土地出让时期都有明确的最高年限的规定，比如，住宅用地最高为70年，也就是说，住宅土地使用70年之后，应该属于国家所有，要继续使用需要再次向国家缴纳土地出让金。但是，对于这样一条十分重要和关键的规定，很多消费者并没有认真理解其中含义，以为毕自己和家庭之全部财力购买的住房就可以是永远置业。其实不然，消费者购买到的虽然是房产所有权，但对于土地来说只是一定年限的使用权。如果政府能够给广大民众明确的政策解释，那么，我们相信，消费者将会趋于理智，正确认识房地产品的信息和价值，房地产市场的供需紧张问题和高房价问题将会得到很大程度的解决。

2. 抑制房价应转换舆论导向，规范传媒行为

要有效地对政策进行解析，需要做好两样工作：一是加强房地产立法，完善相关的法律法规；二是要由政府主导，动用主流媒介对相关法律法规给予宣传和解释，引导消费者对房地产品合理、理性地消费。

新闻媒体是一个大众传播信息的平台，在房地产价格上涨过程中，新闻媒体等舆论也起到了负面宣传的作用。可以这样说，没有新闻媒体的推波助澜，就没有房地产价格如今这么高的状况。例如2009年至2012年间爆发的“欧债危机”，许多国内学者就犀利地指出了新闻媒体在其中起的推波助澜的作用。根据社会心理学的观点，一件事情如果大部分人都认为会发生，那么这件事一定会发生。而新闻媒体在这其中起到了传播共识，达成共识的作用。

新闻媒体是要传播社会新闻的，这些社会新闻，特别是房价上涨的新闻，主要是房地产开发商所关注的。新闻媒体广告的主要来源是房地产开发商，房地产广告是媒体的主要利益来源。通过这样的平台，新闻媒体跟房地产开发商形成了一个巨大的利益链。房地产开发商要推动房价上涨就要多打广告，多举办活动，需要新闻媒体合作，所以，时下的很多新闻媒体由于这样一个实际利益的权衡，把最好的版面、最多的版面位置提供给房地产开发商造势，让推动房价上涨的文章占据主要位置，迎合房地产开发商的需求，把那些批评房价上涨或者是认为房价下跌的呼声少登甚至不登，或者放在一个不起眼的角落。因为新闻媒体也要生存和发展，也需要利润，为从业者提供报酬，提供奖金、补贴，而与房地产开发商合作便是一个获得超额利润的捷径，所以不论是谁来做新闻媒体，可能都会帮助房地产开发商制造市场的“假象”。

要遏制房地产价格上涨的步伐，需要新闻媒体等舆论的共同配

合。政府要加强对大众媒体的控制和监督，新闻媒体等舆论要坚持职业操守，承担起必要的社会责任，做客观、公正的新闻报道，坚持正确的舆论导向，加强对房地产调控政策的解析力度。一般来说，政府发布的政策都是简洁干练的，媒体舆论要对这些精炼的词句进行耐心细致的解析，以正确地引导消费者。

（五）明晰并完善土地续租政策

土地续租问题是直接关系到房屋使用年限和收益年限的问题。根据 1990 年 5 月 19 日开始实行的《中华人民共和国城镇国有土地使用权出让和转让暂行条例》的规定，土地使用权出让最高年限按不同的用途确定：住宅用地（人们常说的商品住房用地），全国统一执行的土地使用年限为 70 年；工业用地（人们常说的工厂、工业区用地），土地使用年限为 50 年；教育、科技、文化、卫生、体育用地，使用年限为 50 年；商业、旅游、娱乐用地，使用年限为 40 年；综合或者其他用地，使用年限为 50 年。人们不遗余力地追逐房屋，不惜花费一个人一生甚至一家人所有的积蓄购买房屋，在很大程度上是由于认识上的误区造成的。很多人以为，购买一套房屋就是永久拥有了一套家产，可以传承后裔、造福子孙。但事实上，居民只拥有房产的所有权，并没有拥有土地的所有权，而只是 70 年的土地使用权，到期之后必须续租，获得使用权之后方可继续使用。然而，到目前为止，对于土地使用权到期之后土地如何处置还没有出台相关的可供操作的法律法规。

以住宅用地为例，使用期到 70 年之后怎么办？届时地面上的房屋所有权确实属于业主，但是房屋所占的土地使用权却到期了，房屋所有权的无期性与建设用地使用权有期性之间出现了矛盾。虽然对于续期问题，《物权法》第 149 条第一款规定对于住宅建设用地“自动续期”。这种规定虽然让我们感到了欣慰，但是细想还是有许多问题没有解决，即续期的程序如何规定？续期的期限如何界定？要不要缴纳出让金？还是免费使用或者采取其他的方式进行收费？对于其他的非住宅建设用地如果经过申请后国家不允许续期，那么建筑物又如何处理？如果收回是有偿还是无偿？如果原业主土地到期之后不愿意续租，对于其所拥有的房屋产权该怎么处理？这些都是需要深入考量和细化并通过法律法规予以明晰的问题。

土地续租关系着国计民生，关系着百姓的切身利益，正确处理好土地续租可能带来的问题，明晰并完善土地续租政策势在必行。

1．完善土地续租政策应该遵循的基本原则

（1）坚持土地公有原则。

土地公有制是我国公有制经济的重要组成部分。我国宪法中规定：城市的土地属于国家所有。农村和城市郊区的土地，除由法律规定属于国家所有的以外，属于集体所有；宅基地和自留山、自留地，也属于集体所有。此外在《物权法》和《土地管理法》中也有类似规定。土地公有制原则是宪法规定的原则，是我国物权法的根本制度前提。土地私有制只会带来严重的社会不公，我国古代、近代的历史已经反复证明了这一点。因此，在完善土地续租政策时，必须遵守土地公有原则。

（2）保障建设用地使用权人的合法权益原则。

我国现行的房地产法大多都是管理型的法律，行政性的规定非常多，虽然也有私权方面的保护，但是其内容非常少。这样就导致了法律对于私权的保护相对较弱,对保护私人的权利是极为不利的。这在建设用地使用权的取得与运行中表现得极为明显。新中国的法律体系是在无产阶级专政的前提之下建立起来的，随着人民当家做主，随着个人通过劳动所获得的劳动收入的增长和财富的积累，曾经作为无产者的人民大众也拥有了一定的个人和家庭财产，房地产就是其中最重要的不动产。因此，在改革开放的进一步深化过程中，在土地续租政策的制度设计和法律制定中，应当尽量保障建设用地使用权人的合法利益，尊重私权，减少行政性色彩，兼顾公权与私权间的平衡。

（3）坚持土地所有权与土地使用权分离原则。

在我国坚持土地公有制不变的前提下，由于土地所有权不得买卖变更，那么相应的土地使用权制度应运而生。我国现行的土地使用权主要包含三类：建设用地使用权、土地承包经营权和宅基地使用权。在物权法中都有相应的法律规定，其权利的应用，均属于用益物权范畴。也只有使土地使用权在市场上进行流转，才能充分发挥土地资源的优越性。在完善建设用地使用权期限制度时当然应当遵守该原则。

（4）坚持土地与地上物的区别化原则。

我国现行法律中规定，认可土地所有权和建筑物、其他附着物所有权的可分离性。在法律禁止土地买卖的情况下，房屋买卖并未受限制。可是现行法律又规定了土地使用权和地上物所有权的一致性。比如：在城市房屋权利主体的要求上，房屋所有权人和土地使用权人在主体上必须是一致的。在对土地使用权进行处分时，比如转让、出租或者抵押的，则对该土地上的建筑物一并处分，也就是坚持“房随地走”的国际惯例。

在建设用地使用权期限完善时，此原则在制度运行中极为重要，因为这涉及一个重要的问题，即“地随房走”还是“房随地走”，两者之间的平衡是非常重要的。在建设用地使用权期限届满后地上物的归属问题上，是应当遵从前者抑或后者，处理后的结果是完全不同的。但是，我们现在只能依据现行法律规定，遵从“房随地走”原则，由国家取得建筑物和其他附着物的所有权，这对于私权来说是不公平的。

2. 对土地续租政策的思考与建议

（1）对于住宅建设用地使用权续租的建议。

当住宅建设用地使用权期限届满后的续期期间，由于建筑物的寿命不同，有些建筑物寿命短，有些却很长。一般民用建筑按照国家设计使用年限都不得低于50年，实际使用年限都会更长。对于建设用地使用权超出70年的期限的，应采用年租制进行统一管理，租金的多少由地块的位置和出租年限的多少来确定。土地续租之后土地出让金的多少直接关系到每个居民的切身利益，因此要尽可能准确地确定土地出让金的量，找准国家与居民在这一问题上的契合点。土地出让金的实质是地租，影响地租量的因素很多，要具体分析这些因素，要尽可能地准确判断这些影响地租量大小的因素，特别是关键因素。要建立起行之有效的土地出让金测量标准和体系。地方政府可以通过市场中近五年来市场的土地租金来确定在未来五年内的租金数目，并以此为参考来收取相应的土地租金，并且租金的变动不能太大，应当考虑到当地人们的基本工资收入等综合情况。此外，对于土地出让金的征收，不要集中一次征收多年的租金，而应视居民的支付能力的大小，分年度征收。

对于一宗既有商业建设用地也有住宅建设用地的综合土地，在使用权期限届满后，应当根据房产的性质来进行区分：如果是住宅建设用地使用权的，则按照住宅建设用地使用权的方式处理；若是商业性建设用地，则按照商业建设用地的方式来进行处理。这样的方式是符合土地真正使用情况的，其处理也符合法律的规定。

（2）对于非住宅建设用地使用权续租的建议。

由于物权法中规定，“住宅建设用地，自动续期”。那么对于非住宅建设用地使用权期限届满后又该如何处置呢？由于我国没有地上权制度，在非住宅建设用地使用权的制度中也没有规定非住宅建筑物的所有权人在非住宅建设用地使用权届满后有没有续租权，这对于非住宅建筑物的所有权人来讲是不公平的。因此，我们应当在非住宅建设用地使用权期限届满之后赋予非住宅建筑物所有权人续期请求权和购买请求权，以保护权利人真正的合法权益。

在公共利益方面，希望各地政府在操作过程中严格执行，并赋予相关利益承受人以民主决定权，在维护公共利益的同时不以牺牲个人利益为代价。毕竟在这方面我们经历的事情太多了，法律的进程不应当是以牺牲个人利益为代价来获取进步的。

（六）强化税收调节功能

房地产环节的税收很多,在房地产成本体系中所占比重也很大。对收税的合理征收和调节对于高房价的抑制具有很重要的作用。

1．国内房地产相关税费

目前我国房地产税种基本涵盖了土地取得、房地产开发建设以及流通等环节。现行房地产税种主要有房产税、城镇土地使用税、耕地占用税、土地增值税、契税；紧密相关的税收项目有固定资产投资方向调节税、营业税、城市维护建设税、教育费附加、企业所得税、外国投资企业和外国企业所得税、印花税等。除此之外，还有大量的由政府各部门收取的费用项目，其名目十分繁杂。

（1）土地取得过程中的房地产税费。

土地取得有三种途径：① 国家直接无偿划拨土地，主要是公共事业、公益事业等用地；② 通过有偿出让取得土地，即开发商直接从县级以上人民政府处获得的土地，也就是通常所说的从土地一级市场取的土地；③ 通过有偿转让形式取得的土地，即指从房地产二级或者三级市场有偿获得。

一般的房地产项目主要通过后两种途径获得土地开发权。对于第二种途径获得的土地，开发商需要支付土地出让金、项目开发期的土地使用税和土地进行交易应缴纳的契税、印花税；对于第三种方式取得的土地，则需要支付地价款（已包括土地出让金）、项目开发期间的土地使用税和土地进行交易应缴纳的契税、印花税。当然如果有拆迁项目，开发商还要支付拆迁补偿、人口安置等费用；如果占用耕地，还要交纳耕地占用税。

（2）房地产销售过程中的房地产税费。

开发商通过开发建设，形成房地产商品，进行出售。在开发前期，开发商需要交纳名目繁多的各种税费，这些费用项目在各个地区是不完全相同的。在销售商品房的过程中，开发商需缴纳营业税、城市维护建设税、教育费附加、土地增值税等，但由于房地产市场需求价格弹性较小，以上各种税费都通过商品房的价格直接或间接地转嫁给了购房者。在购房过程中，购房者还需缴纳契税、印花税。

（3）房地产保有过程中的房地产税种。

购房者购买到房屋后，需每年支付一定的土地使用税，但平摊到每平方米建筑面积上的税收则很少了。假设该产权人将房屋出租或自己经营，则需支付一定的房产税和个人所得税。就是说，购房者买到商品房后无论房地产市场如何变化，在这期间所缴纳的税费将不受任何影响。若购房者将自己的商品房转让出去，则在这一过程中，政府要征收土地增值税（2006 年 12 月 1 日起执行）、营业税、契税和个人所得税。

具体的税收状况如表 4.5 所示。

表 4.5　我国现行房地产相关税收

税收分类	税种	纳税对象	计税依据	税率
开发流通环节	耕地占用税	占用耕地建房或者从事其他非农业建设的单位和个人	实际占用的耕地面积	0.5～10 元/平方米
	土地增值税	凡有偿转让国有土地使用权、地上建筑物及其他附着物并取得收入的单位和个人	纳税人转让房地产所取得的收入减除规定扣除项目金额后的余额，为增值额	30%、40%、50%、60%（四级超率累进税率）
	企业所得税	中国境内生产、经营所得和其他所得的企业（除外商投资企业和外国企业外）	应纳税所得	33%
	个人所得税	在中国境内有住所，或者无住所而在境内居住满一年的个人，从中国境内和境外取得的所得	财产转让所得，以转让“产生的收入”额减除原产值和合理费用后的余额，为应纳税所得额	20%

续表 4.5

税收分类	税种	纳税对象	计税依据	税率
开发流通环节	印花税	在中国境内书立、领受规定凭证的单位和个人	房屋产权转移时双方当时签订的合同价格	万分之三
	契　税	在中国境内转移土地、房屋权属，承受的单位和个人	房屋产权转移时双方当时签订的契约价格	3%～5%
	营业税	在中国境内提供应税劳务、转让无形资产或者销售不动产的单位和个人	营业额	5.5%
	城市维护建设税	从事工商经营，缴纳“三税”（即增值税、消费税或营业税）的单位和个人	纳税人实际缴纳的“三税”之和	纳税人所在地为城市市区的，税率为 7%；纳税人所在地为县城、建制镇的，税率为 5%
保有环节	城镇土地使用税	在城市、县城、建制镇、工矿区范围内使用土地的单位和个人	纳税人实际占用的土地面积	0.5～10 元/平方米/年
	房产税	房屋产权所有人（个人免征）	房产原值一次减除 10%至 30%后的余值（房产出租的，以房产租金收入为房产税的计税依据）	1.2%（房屋出租的为 12%）/年
	城市房地产税	拥有房屋产权的外国侨民、外国企业和外商投资企业	房屋折余价值或房屋租金收入	1.5%/年，15%/年（新房免三年）

2. 国内房地产税收存在的问题

虽然现行的房地产税收制度为我国房地产业的发展做出了重要贡献，但是随着时代的发展，房地产税收制度也暴露出许多问题和不足。

（1）税种设置不当和税率不合理。第一，我国现行的房产税计税依据分为两类：一是房产余值，即房产原值扣除 10～30%后的余值，按 1.2%的税率计税；二是房租收入，税率是 12%。显然，目前的房地产税收政策使得按房租收入确定的税负水平要远大于按房产余值确定的税负水平，有悖于税收的横向公平原则。第二，土地增值税征收范围偏窄，调控广度不足。现行土地增值税只对转让土地使用权和房地产征税，遗漏了土地使用权出租和房地产作价入股等交易方式的征税。第三，房产税和耕地占用税的税率偏低，调控力度不够。现行房产税税率是 1986 年确定的，房地产在近几年的自然增值速度很快，仍按十年前的估价标准收税显然偏低。

（2）在税种设置上，重复设置与缺位并存。如现行房地产税制，既有对内资企业和个人征收的城市房产税（1986 年开征），也有对涉外企业和外籍个人征收的城市房地产税（1951 年开征）。这两个税的征收对象均为房产，明显属于税种的重复设置。而同时我国却没有开设财产税，存在税种缺位。此外，对出租房地产收入，则既征所得税又征房产税，对房地产转让既要按转让的收入征收 5%的营业税，又要按转让的增值额依规定税率征收土地增值税，存在税种交叉问题。契税是就房屋产权发生转移时对双方当事人所订立契约征收的一种税，印花税是就经济活动中书立的凭证征收的一种税，从征税范围上看，后者的课税范围覆盖了前者，存在着重叠问题。

（3）征收标准不能适应房地产经济发展的要求。第一，耕地占用税和城镇土地使用税征收标准偏低，难以起到保护耕地和合理用地的作用。耕地占用税和城镇土地使用税分别于 1987 年和 1988 年开征，两税均实行从量定额税率，最高税额每平方米 10 元，如果中央的政策贯彻到位，可以上调 50%的话，每平方米税额也只达到 15 元。从征收实践看，两税的最高征收标准只有 7 元。由于从量计税，税额不能随经济发展和物价水平的提高而增加。在现在的经济条件下，这两个税的税率明显过低，对使用土地行为的调节力度不够，不利于形成土地使用者节约用地、高效用地的机制。第二，土地增值税税率过高，税负过重，不利于促进土地合理流转。土地增值税开设之际，正值房地产“炒”风盛行之时，因而国家设置了30%、40%、50%和60%的四级超率累进税率，其目的在于规范房地产市场交易秩序，调节土地增值收益，抑制土地投机。但从实际执行来看，由于该税率过高，特别是第一级税率过高，房地产经营者在土地使用权流转中的税负过重，影响了房地产投资者的投资愿望，征纳税款也较少，从而令土地增值税成为政策意义和财政意义都不大的税种。

（4）租、税、费界定不清，房地产税收法律体系混乱。事实上，租、税、费三个经济范畴，在理论上区别非常明显：地租是土地所有权在经济上借以实现其增值价值的一种形式，它体现的是土地所有者与土地使用者之间一种纯粹的经济关系；税收是国家为满足社会公共需要，凭借政治权力，按照法定标准，强制、无偿地参与国民收入分配的一种形式；费是经济生活中一方为另一方劳动或提供服务的补偿，具有有偿性和对等性。

但在实践中，以税代租、以费代税、以税代费、以费挤税的现象非常普遍，限制和削弱了税收的宏观调控功能。特别是以费挤税问题突出。目前我国涉及房地产业的各种收费项目名目繁多，且费项总数远多于税项总数，费大于税。以北京为例，房地产收费占地方财政收入的25%左右，房地产税收仅占约10%；而发达资本主义国家则恰恰相反，如美国整个国家房地产收费只占地方财政收入的15%，房地产税收占50%。从收费的类别看，我国收费种类很多。如北京目前就有60多项收费，而美国只有20多项。此外，收费缺少法律依据，地方政府想收就随便立个名目，与国外没有法律许可不得收费截然相反。

（5）房地产税收收入在地方财政收入中的比重低。一般来说，房地产税在发达国家均为地方政府非常重要的税收来源，在一些发展中国家也是如此。比如，房地产税在地方政府收入中的比重，在16个经济合作发展组织国家（OECD）中为17.9%，在发展中国家占19.1%，在转型国家中占8.8%。可是，近年来，我国房地产税收在地方财政收入中的比重虽然呈上升趋势，但升幅仍然较小（见表4.5），房地产税在组织财政收入上明显乏力的事实仍没有从根本上得到改观。从表 4.6 中可以看出，从 2007 年至 2011 年，我国直接针对房地产征收的税收大大低于美国等发达国家的比重，未能成为地方政府的主体税种。

表 4.6　2005～2011 年我国直接以房地产为课税对象的税收收入情况

（单位：亿元人民币）

年度	城镇土地使用税	房产税和城市房地产税	耕地占用税	土地增值税	契税	前五项合计	地方财政收入总额	比重（%）
2007	385.49	575.46	185.04	403.10	1 206.25	2 755.34	23 572	11.7
2008	816.95	680.40	313.97	537.10	1 307.18	3 655.6	28 649	12.8
2009	920.97	803.64	632.99	719.43	1 734.99	4 812	32 581	15
2010	1 004.01	894.06	888.34	1 276.67	2 464.80	6 527.88	40 610	16
总计	3 127.42	2 953.56	2 020.34	2936.3	6 713.22	17 750.8	125 412	14.2

（数据来源：国家统计局网站）

3. 强化税收调节功能

由于房地产税费直接涉及房屋成本（包括购买成本和使用成本），影响着房价的高低，也影响着消费者的支出总费用，因此应加快财政税收体制改革，扩大房地产税基，考虑开征新税种，强化房地产税收在房地产市场的调节功能，通过房地产在购买和消费环节成本的增减来引导消费者购房选择，进而影响房地产需求强度，达到抑制房价的目的。

在房地产保有环节，应将房地产税、城市房地产税与土地使用税合并，制定统一的房地产税。在房地产转让环节，适当降低税率和税额，要统一内外资房地产企业所得税制，为内外资房地产企业公平竞争创造良好的税收环境。加强对个人所得税的征收与管理。同时，对开发经济适用房、廉租房等提供税收优惠，鼓励提供保障住房。

（1）对房地产租、税、费进行明确规定，简化税制、合并税种。

税收是国家的专项职能，房地产税收代表了政府在房地产管理中的强制性意志，尽管它是一种财政手段，但却是公共权力的体现。如果房地产税收中还包括地租和其他行政事业性收费，混杂在一起征收，显然破坏了税收的权威性。既然如此，就应该先对现有的税种进行"净化"，剔除其中不符合税收职能的部分内容，以保证国家税收的严肃性和专门性，而不能只是通过整合、改变名称，继续让其他类型的费用混迹于税收之中。

房地产成本主要是由土地成本、开发建设成本、管理销售成本和税费成本构成的，税费收费的多少直接影响房地产总成本，进而对房价有重要影响。有人曾经做过估算，在我国，一个房地产项目的税费几乎占到开发总成本的三分之一，因此，合并、减少各种税费（特别是费）对于调控房价是十分必要的。

从世界各国的情况看，作为税收的补充而设置少量收费确有必要，况且它的灵活性特点决定了其可以在税收没有触及的范围内或者税收无法普遍实行的领域中发挥巨大作用。但是，由于它一般缺乏效率而且征收成本过高，尽可能减少收费数量是各国的共同认知。减少行政事业性收费可以避免对同一税源既征税又收费的反复课征。少费应包括两个层次的涵义：一是表现在绝对量的减少，即对于一些不合理的行政事业收费一律取消；二是表现在相对量的减少，即对于一些必需的但可以合并收取的项目进行合并，以降低收费成本和提高收费的效率。总之要清除不合理收费，制止乱收费。

（2）交易环节应减轻税费。

房地产交易阶段主要包括商品房的租售行为、房地产赠与或继承等行为，这一阶段是房地产价值的实现过程，在我国的税收体制中该环节税种设置较多，目前设置了营业税及其附加、所得税（企业所得税和个人所得税）、土地增值税、印花税等。考虑到我国的房地产市场目前正处于发展的初期阶段，因此这一阶段的税负不能过重。如果交易环节课税太重，不仅会加大购房者的负担，而且极不利于房地产的流通。在我国，一部分人缺少住房，一部分人则拥有多套房屋（国家机关工作人员、国有企事业单位职工因为单位集资建房拥有多套房产，高收入者投资性购房）。当后者要对手中的多余房产进行交易时，如果交易税额太重，就会直接影响交易成本。为此需要改革现有的税种，降低新房或者二手房在交易环节的税收负担，以增加房地产的二次流动。

（3）保有环节应通过开征不动产税，提高家庭拥有多套房屋的使用成本。

自古以来，中国人积累下来的财富都表现为囤积房产，这与中国的传统文化相关,也和我国税收政策体系的不完善有更大的关系。“国八条”和“国六条”都强调了税收政策在调整住房结构和打击房地产投机中的作用，但现有的税收政策主要还是在交易环节上做文章。据北京对房地产供求的统计，北京现有的房源可以使每一户人家都拥有一套住房，然而房产需求矛盾依然尖锐，可以看出大部分房源其实是集中在一部分投机者的手中。因此从现实国情来看，提高保有环节税负即课征不动产税是解决目前房地产市场诸多问题的根本途径。

另外，现行的城镇土地使用税是以纳税人实际占有的土地面积为计税依据，实行定额税率，这种税收达不到合理使用土地、节约土地，提高土地利用效率的目的，也不能有效地调节土地的级差收益。将房产税和城镇土地使用税合并为不动产税，计算标准确定为评估价值，并且主要在房地产保有阶段征收，能够确保税负公平，也与国际上通行的对财产课税做法相一致。同时，将两者合并还可简化征纳手续，从而降低征纳双方的税收成本。另外，从可操作性来看，将房产税和城镇土地使用税合并征收更方便计税。对一个家庭拥有多套住房的，应加重对第二套及其以上房屋的不动产税额，增加房屋占有成本。

总之，合理的税费改革，必要的税费合并、减征，以及税费项目的透明化，对于调控降低房屋成本，调控房价将会起到重要的、积极的作用。

（七）合理抑制地价

房屋是可以再生的，而土地则是不可再生的稀缺资源。无论是国外还是国内的历史资料都证明，地价上涨的幅度远远大于房价涨幅。因而，目前我国房价上涨主要是地价上涨，地价上涨是引致房价上涨最重要的原因。

合理地抑制地价，需要从以下几个方面来进行：

第一，要抑制房地产业的收益率（见第七章）。在我国，房地产业平均收益率高于其他产业，也远远高于国外同业的水平。产业高收益率是驱使开发商对房地产开发必备的土地资源进行价格争夺的动因。要抑制对土地的争夺，一是要保证土地合理的供应量，二是要改变土地供应方式，三是要依据开发商的历史利润水平而不是出价的高低作为获取土地开发权的依据。

第二，要适当打破土地供给垄断。在我国，由于历史的原因，形成了土地国有制下的土地双轨制，即城市土地全民所有制，农村土地集体所有制。现在的城市土地供给完全是由城市政府垄断供给，即使是农村集体土地也需要由城市政府通过征用变性为开发用地再统一出让给开发商。毫无疑问，这一过程中由于中间环节增多，致使土地费用增加。因而，应该充分尊重历史，保证农民的利益，让农村土地直接入市，减少中间环节，打破土地供给垄断，进而降低土地价格。可喜的是，目前，国家已经在考虑这一问题，国土资源部已于 2011 年选取了深圳、厦门、长春、吉林等地开展有关完善土地权利制度改革，让农村土地直接入市的试点。

（八）增强企业道德自律

近年来，房地产开发企业违法违规事件频频见诸报端，公众对房地产业的形象有些负面的认识。开发企业的违法违规问题主要集中在：未按规定缴纳税费；非法占用土地进行房地产开发建设；取得土地使用权后，闲置两年或两年以上未开发建设；未取得建设工程规划许可证进行建设，或违反建设工程规划许可规定进行建设；未取得施工许可证或者开工报告擅自施工;不符合商品房预售条件，向买受人收取预定款或预售商品房;未取得预售许可发布预售广告，或发布的房地产广告不真实、不准确，欺骗和误导公众；未按规定组织竣工验收并擅自交付使用；等等。

以上各种违法违规现象严重破坏了市场的秩序，造成行业乱象丛生，严重损害了消费者的利益，并间接推高房地产价格的上涨。房地产企业为了赚取眼前的利益，而放弃了长远的利益。房地产业不仅是国家经济的支柱产业，也是与老百姓生活紧密联系的行业，房地产企业履行社会责任的意义，显得尤为突出。只有当各个房地产开发企业增强企业自律，自觉遵守行业自律条例和法律法规，才能使房地产行业健康发展，经济繁荣。

1. 增强企业道德自律是树立企业形象、提升品牌知名度的内在要求

企业在追求利润最大化的目的下，其道德责任观念完全被利益所侵蚀，伴随社会分工的日益深化和企业规模的不断扩大，尤其是可持续发展观的确立，企业的功能定位逐渐由企业本位转向社会本位，企业缺乏道德责任的代价日益凸显，其后果不仅使企业自身形象跌入谷底，最终被市场淘汰，同时威胁到整个社会的稳定与发展。因此，对企业责任的道德追问具有深刻含义。

企业作为有意志能力与行为能力的聚集型群体，可以成为道德责任的主体。企业道德责任与企业道德的含义有所不同，企业道德责任作为一种高层次的道德规范，是企业道德规范的主要内容，企

体系的稳定和利益最大化，以及保证市场秩序的公平、公正为目标。相对于前两者，这一角色较为中性。可见，中央政府在房地产市场中是一种矛盾共生体。

中央政府所追求的目标既有经济性的，也有政治性的、社会性的，比如获取税收和保持国民经济的整体发展属于经济目标，开辟更多的就业机会属于社会目标，保持社会稳定属于政治目标。中央政府在房地产市场上的多元目标定位也就导致了其市场角色定位的模糊，使其在进行市场监管和调控中经常陷入左右摇摆、举棋不定的状态。

在房地产市场中，中央政府可能会与地方政府、消费者、开发商、土地被征用者、金融机构以及其他主体之间发生关系。一方面，中央政府是国家全体社会主义公民和一切合法组织的最高代表，因而与以上市场主体之间存在利益一致性，是合作共生关系；但另一方面，中央政府在某些时候和某些环境下，与以上主体又可能分别存在利益非一致性，因而是非和谐的关系。

中央政府参与房地产市场博弈可借助的手段是很丰富的，主要是制度和政策手段。制度安排和政策设计可以触及房地产业的各个领域，是房地产市场是否存在和怎样存在的基础，因此，中央政府在房地产市场与其他主体的博弈中处于绝对强势地位。作为博弈的参与者，又是博弈规则的制定者，还是博弈的裁判者的中央政府，如何约束自身行为，如何保障其他博弈者的利益，特别是保障处于比较弱势地位的消费者的利益，是房地产市场主体利益得到较好协调，房地产市场得以健康发展的核心和关键。

2. 地方政府

地方政府和地方职能部门的数量较多,其角色地位也是多重的：一方面，地方政府作为中央政府的职能延伸机构，必然要围绕中央政府的满足人民住房需要、维护社会稳定等社会、政治、经济目标定位自己的目标；同时，地方政府作为土地的直接供给者，为了自己的财政利益，又不得不把土地经济利益最大化作为追求方向。毫不讳言，在房地产市场的利益博弈中，财政利益是地方政府追求土地经济效益的根本原因，而土地供给者的角色则为其获取这种利益提供了方便。

作为房地产市场的协调者和服务机构，在中国的房地产市场，地方政府的这一主要职能因自身利益的驱使而常常被扭曲、弱化。一般来说，地方政府的目标主要在于通过土地财政拉动地方 GDP 和财政收入快速增长。自 1994 年分税制改革以后，地方政府财源大大减少。面对经营城市的负担和城市建设资金的瓶颈，地方政府不得不选择把房地产作为公共投资资金筹集的“聚宝盆”。作为“第二财政”的土地出让收入自然成为地方政府各项财政支出的主要来源，地方政府卖地越多，价格越高，收益越高。在财政压力下，一些地方政府甚至推市、托市，造成房价上涨。

在现行经济环境下，地方政府的货币收益主要来自两个部分：土地使用权的出让收入和房地产税收。这两方面均与房价密切相关。地方政府集土地管理者和经营者于一身，作为土地管理者，地方政府拥有土地利用规划权和土地征用权。由于土地具有位置的不可移动性以及市场信息的不对称性，中央政府很难对地方政府上述权力进行全面约束，这样地方政府利用所掌握的权力和地域的便利达成自身愿望的空间就很大。地方政府可以采取越权批地、更改土地利用规划、非法占用耕地等方式超额占用土地，不断增加土地储备。比如，为了保护耕地、加强对地方政府使用土地的监督，国家规定，一次性征用耕地 500 亩以上者须由国务院审批。但有的地方政府将超过限制面积的耕地化整为零，通过多次以小于 500 亩面积的方式送给省级政府审批，躲过中央政府的监控。这样，地方政府通过这样那样的方式，占用了大量耕地。同时，地方政府还采用经营土地投放、经营城市形象和全民招商扩大土地需求量，使土地不断升值，大量获得经营城市的收益[1]。从这个角度来看，房地产市场发展的短期收益将大部分由地方政府获得，而长期成本（如居高不下的房价、社会稳定的风险等）都将由中央政府来承担。

地方政府参与房地产市场博弈的手段同样也很丰富，其不仅可以借助执行、制定土地、房地产政策等手段影响房地产市场的变化，还可以通过编制土地规划，确定土地、房地产供给数量等方式左右房地产市场的供需状况。因此，地方政府也是处于强势地位的市场主体，对其利益行为的约束也是影响房地产市场利益调节、抑制房地产价格的重点。

3. 金融机构

金融机构是以货币为组织对象的组织，其作用是以信用的方式将社会上的暂时闲置的零散资金归集起来，融通给需要资金的企业和个人。可以说，几乎所有的银行金融机构都开展了与房地产相关的金融业务。我国房地产金融机构数量众多，名称各不相同，大体上可以归为两大类：一是银行型的房地产金融机构。其按照是否专营房地产业务可以进一步分为两类：一类是房地产金融专营机构，如经国务院、人民银行总行批准试点的区域性住房储蓄银行。目前有烟台和蚌埠住房储蓄银行两家。另一类是房地产金融兼营机构，如各大商业银行的房地产信贷部。二是非银行型房地产金融机构，它是指除银行外开展房地产金融业务的组织机构。根据其经营的业务范围划分，可分为专门从事房地产融资的机构与非专业性房地产融资机构。前者包括住房合作社、住房公积金管理中心、房地产金融公司等，后者包括信托投资公司、保险公司等。

由于房地产品的特殊性，房地产市场所必需的货币资本和交易现金——开发资金和购房资金都主要是从金融机构获取。可以说，没有房地产金融机构的参与和支持，房地产开发就很难正常进行，

① 石秋霞，杨振斌，黄燕. 地方政府行为模式及发展趋向求解——谨防地方政府由经营城市转向经营管制[J]. 湖北经济学院学报，2007，5(1)：100-104.

购房交易所需要的巨额资金也找不到出处。金融机构在房地产开发、经营、生产、消费过程中以资金的最主要提供者身份参与其中，这既是房地产业的内在要求，也是金融业实现自身发展的客观需要。

房地产金融机构作为经济人主体，有着自身的经济目标，那就是获得优质资产，实现贷款的安全与回报，最终取得利润。

作为一个特殊的利益主体，金融企业一方面给房地产开发商、建筑商提供贷款以确保房地产项目顺利完成，另一方面给消费者提供中长期个人住房按揭贷款，用于购买商品房。这样，只要消费者认可这个房地产项目，这个房地产项目或者周边的地产房价不跌或能够上升，房地产开发商就能按时还贷；消费者收入只要没有大的变化，也就能按时还款。因此，金融企业就能长期稳定地赚“两头”利润：一头是获得房地产企业的开发贷款利息，另一头是获取消费者的中长期个人住房按揭贷款收益。房地产行业的贷款业务成为金融机构最重要的业务之一。据中国人民银行的报告称：2007 年末，房地产企业的开发贷款占金融企业人民币贷款余额的 6.9%，消费者的中长期个人住房按揭贷款占金融企业人民币贷款余额的 11.5%；2008 年末，房地产企业的开发贷款占金融企业人民币贷款余额的 6.7%，消费者的中长期个人住房按揭贷款占金融企业人民币贷款余额的 10.3%；2009 年末，房地产企业的开发贷款占金融企业贷款余额的 6.18%，消费者的中长期个人住房按揭贷款占金融企业贷款余额的 11.9%。①正因为房地产业务收益是金融企业的最重要的收益支撑点，因此，各个金融企业极不希望房地产市场受到严重打压，甚至也不希望房价下跌(房价下跌将直接增加住房按揭贷款项目风险，危及金融企业的利润收入和资金安全)。金融机构的这种目标追求和心理愿景也成为金融企业不能有效执行中央政府宏观调控政策的一个主要原因。

在房地产市场博弈中，金融机构的主要目的是获取经济利益，

① 中国人民银行.中国货币政策执行报告[R].2009.

其可以借助向房地产开发市场和房地产消费市场控制资金流的途径来取得自身优势地位和利益实现。

4. 房地产开发商

房地产开发商是以开发经营为主体的企业，他们通过实施开发过程而获得利润。房地产开发商具有双重的市场角色，既是商品房市场的供给主体，同时也是土地市场的需求主体，其基本目标就是追逐市场利润最大化。而要实现这一利润最大化的目标，通常是一方面充分利用制度性约束和市场元素，以最小的成本获取土地使用权，另一方面则以尽可能高的价格出售商品房。

开发商为了自身利益总是给购房者一种房价上涨的未来预期。有研究称，房地产开发企业的资产负债率大约为 75%，[①]也就是说，只有 1/4 的资金是房地产开发商的。只要房价上升 1 个百分点，房地产开发商的自有资金回报率就能上升 3 个百分点。因此，房地产开发商是推动房价上升的主要推手。在市场经济条件下，短期内影响房价的不是房屋销售量，而是社会普遍的市场预期。房价的不断上升，在房地产开发商看来，原因可以归纳为两点：一是房地产投资者和投机者，投资者强调保值增值，而投机者待价而沽。房地产开发商总是努力营造楼盘销售火爆、价格飞涨的局面，否则就很难使投资者相信房产增值的预期，也很难把握住投机者。二是房产开发资金密集和高负债的特点决定了开发商必须在上游资金市场建立对房产价格上涨的预期。因为房地产开发资金回笼的方式主要是后期销售的首付款和金融企业提供的个人住房贷款，而个人住房贷款的抵押条件是房产本身，因此，即使楼盘销售不畅，开发商也不会降价促销，否则，相关金融企业会因为对已抵押房屋价值的缩水预期而收紧该楼盘的贷款，这对需要大量资金的开发商来说，将是致命性的。

① 刘征鹏. 房地产开发企业资产负债率研究[J]. 科技情报开发与经济，2012（11）：89-90.

房地产开发商主要是通过以下两种方式来营造房价上涨的氛围：

第一，囤积土地和房源，利用土地和房屋的稀缺性和异质性推动房价上涨。到2007年，全国房地产开发商囤地约10亿平方米。[①]2010年国土资源部副部长贠小苏称，截至2009年年底，全国房产开发企业手中有近300万亩土地。可以看出土地的供应是相对充足的，而这些土地却没有得到完全、合理的开发。房产商大多选择囤积土地、房源，哄抬地价、房价以获取暴利，也造成了土地市场和商品房市场的供给不足，从而达到他们推动房价上涨的预期目的。同时由于房地产信息的不对称，开发商掌握着市场信息话语权，不断向消费者灌输房价上升的心理预期，导致恐慌性需求和社会上投机需求的繁荣。虽说有闲置土地处理办法、土地使用权收回的相关规定和打击囤积房源的法令，但现实运行中一些地方政府在巨大经济利益的驱动下，往往采取纵容、庇护政策，充当房产开发商的保护伞。

第二，"寻租"活动。因为中国现阶段的土地配置权利掌握在少数几个部门手中，那么，稀缺的土地资源就成为房地产开发商可以利用的寻租资本，加上房地产一级市场产权的权利、义务、责任分配等相关法律的不健全，很容易产生寻租现象。他们的惯用手法就是：首先利用"寻租"方式从地方政府手中获得廉价土地；其次，挖掘土地升值空间，如故意拖延房产开发时间、建设周期、变更土地用途等。通过寻租，房产开发商不断获得排他性的土地开发权，实现利润最大化。这在很大程度上导致国内房产市场的投资过热、房价虚高等现象的出现。

房地产开发商是房地产市场中非常重要的利益主体，与其他利益主体之间形成的关系很多：其与地方政府之间的关系总体处于利益一致的合作状态，但在土地出让、房屋开发、销售经营、市场监管等方面也处于竞争对立状态，不过，为了自身利益的最大化，针对这种对立，在很多时候开发商会做出妥协和让步而趋向合作；开

① 北京师范大学金融研究中心. 中国房地产土地囤积及资金沉淀评估报告[R]. 2007.

发商与消费者之间的关系总体处于竞争状态，高房价是这种竞争的直接结果；开发商与金融机构是合作关系，为了获得足够的资金支持，开发商往往对金融机构具有很强的依附性。除了以上几对关系之外，开发商与开发商之间，开发商与建筑商、建材商等之间形成竞争关系。

房地产开发商作为市场经济的主体之一，追求其利润的最大化无可厚非。但在中国经济转型的特殊历史时期，其追求利润的方式和与地方政府间利益的交换，很大程度上导致房地产市场秩序的紊乱，因而，这一特殊利益群体也就成为中国房地产市场主体利益协调需要重点协调的对象。

5. *房屋消费者*

房地产消费者是一个非常庞大的群体，涉及人数众多，从总体上说，消费者在整个房地产市场主体的博弈中处于弱势地位。消费者之所以会处于弱势地位，是因为：

第一，侃价能力低。根据迈克尔·波特的竞争理论，产品购买者可以对产品生产者和销售者构成竞争压力，这种压力来自于自身的侃价议价能力。如果消费者的侃价议价能力愈强，自己在交易关系中的地位就越有利。决定购房者侃价议价能力的因素很多，有市场特性因素、买方实力因素、卖方实力因素等。一般来说，满足如下条件的买方才有可能具有较强的讨价还价能力：买者的总数较少而每个购买者的产品购买量较大且占了卖方销售量的很大比例；卖方实力弱、规模较小；购买者所购买的基本上是标准化产品，消费者产品购买的转换成本低；购买者实力强，有能力实现后向一体化，而卖主不可能前向一体化。但是，在我国房地产市场中，由于市场的相对垄断性，房地产品的差异性，用户转化成本很高，消费者人数多，单个购买者实力弱，也不具备后向一体化的能力，所以，房地产消费者侃价议价能力不强。

第二，房地产消费者太过分散，不能形成集团力量。同时，整体认知力弱，对房地产市场的判断分析力差，容易被误导而出现非理智消费行为，这又容易削弱自身在购房中的侃价地位。

如果按需求动机分类，购房消费者可以分为普通购房者（以居住为购房动机）、投资购房者、投机购房者、租房者。

（1）普通购房者。

在中国传统文化中，住宅不仅是一种物理意义上的居住空间，还是某种物质与精神上的财富。因而，中国大多数人都将购房作为人生大事来对待，加之房地产市场人为的垄断、诱导和舆论操控，很容易使生活在信息不对称条件下的购房者产生购房欲望，而不管购房条件是否成熟、自身条件是否满足、偿贷能力是否符合要求。这是一种典型的从众心理，越是房价高，越是要去购买。

伴随着城市化浪潮，城市中涌入越来越多的人口，住房消费群体队伍愈来愈庞大。这一群体可以分为两类，一是高收入群体，二是低收入群体。作为高收入群体，凭借较强的购买力可以通过商品房市场解决住房问题，而大部分中低收入群体则需要在政府住房优惠政策或制度安排的支持下才能解决住房问题。现阶段，真正有购房需求的消费者主要集中在中低消费群体中。他们有消费需求，但没有购买能力，这是影响这部分群体购房需求实现的根本性障碍。

（2）投资者。

住宅是超级耐用消费品，价值量大、使用年限长，本身是个人和家庭的重要资产，又具有保值增值的功能，是良好的投资品，买进住宅后可以通过出租、转售、抵押、典当等从中获取利益。所以，世界各国的住宅市场都存在两大部分：一种是自住性住宅市场，即以居住为目的的购房消费，这是主要的部分；另一种是投资性购房市场，即购房用于长期出租或转售，这是辅助部分。从房地产市场构成的角度来看，投资性住宅市场是房地产市场重要的组成部分。

在市场经济条件下，企业和个人都可以成为投资主体。房地产业因其投资的高回报受到投资者的追捧。投资者手中有丰富的资金积累，而且随着经济发展、收入增加，这种资金积累还会愈来愈多，这部分积累的资金总要寻求出路。投资者自然会把积累资金转向住宅投资市场，所以投资性购房是市场经济运行中的必然行为，因为市场经济的要义就是市场机制在社会资源配置中发挥基础性的调节作用，任何投资都以收益为目标，房地产投资也不例外。投资者可以利用住房获得抵押贷款缓解借贷约束，获得资金从而用于消费和再投资。对投资者来说，购置商品房更多的是为了获得经济上的好处，比如对外出租获得租金收入，利用住房抵押获得贷款，通过住房增值性获得增值以及抵御未来金融风险等。一般而言，消费者对所欲购买的房产成本及其同类物业的价格都不甚了解，这就使得房地产开发商哄抬房价牟取暴利的可能性大大增加,同时也为投资者获取超额利益提供了机会。例如，在商品房交易市场需求中容易形成一种虚假需求因素，造成供不应求的假象，迫使供求关系失衡；人为抬高房价，特别是在供不应求的情势下，出现了排队抢购，高价转售的现象，这与投资者频繁地参与商品房市场交易是分不开的。

（3）投机者。

投机者是指货币所有者以其所持有的货币购入非货币资产，然后在未来将购得的非货币资产再次转换为货币资产，以赚取差价收益的交易者。房地产投机行为的出现源于以下几个原因：一是我国居民高额的储蓄率，闲置资金丰厚，资金保值增值压力大。我国是世界上储蓄率最高的国家，并且随着经济发展，居民手中的现金会越来越多。截至 2011 年年底，我国居民储蓄存款余额达到 343 635.9 亿元人民币，在通货膨胀的环境下，资金的保值增值压力很大。二是收入分配不均。经济的快速发展造成贫富分化严重，财富大量集中在少数人手中。有钱人不仅可以买得起房，而且可以购买多套房；不仅可以在本地买房，而且可以异地置业。三是我国房地产市场的短期财富效益明显，特别有利于投机资金的蕴藏。四是房地产品是较好的投资投机品种。作为投资品的房地产品的替代产品很多（作为居住用途的住宅房地产品的替代品很少），但其他产品的收益性赶不上房地产,因而投机者仍然把购买房地产品作为主要的投机渠道。

投机性买卖的特点是，买家既不参与生产也不参与消费，投机购房的目的不是用于自己居住,而是通过房地产价格上涨获取价差。预期价格上升而购房，预期价格下降而脱手。适量的投机活动是必要的，它不同于赌博，投机能够产生财富，对社会是有利的，所以世界各国政府都开放投机市场。房地产市场也一样。房地产投机市场的适量存在，不仅有利于活跃市场，让房地产留有流动空间，而且能够对房地产价格的走向起着风向标作用，引导房地产资源更合理地配置。因为，一般来说，在理想状态下，投机市场主要是由少数投机专家组成，他们有能力判断将来的价格走向。但是，在我国，由于国情不同，投机市场也完全不同。第一，由于房地产市场短期赚钱的吸引，我国的房地产投机队伍庞大，人数众多。第二，同样在短期高收益效应影响下，房地产投资行为往往会被投机行为所俘虏。第三，专业投机者被普通投机者绑架。由于房地产市场短期赚钱效应的诱惑，许多普通人盲目地参与投机，结果市场良莠不齐，导致房地产价格不再由投机专家决定，而变成了由大规模的普通投机者决定。这时候的价格完全脱离供应和需求的关系，变成了大众心理的指标。专业投机者被普通投机者绑架，大量的投资者转化成投机者，这已经成为我国房地产市场的一种奇特现象，也是推动房价上涨的重要原因。

6. 其他利益相关者

（1）新闻媒体。

新闻媒体是一个大众传播信息的平台，包括纸质媒体（报刊）和电子媒体（广播、电视）两种。新闻媒体与房地产开发商联系非常紧密，它们之间形成合作关系。

作为企业化组织的新闻机构是房地产广告的主要业务承担

者，其与房地产开发商之间由于在利益上的一致性，形成合作共谋的关系。

（2）房地产市场中介机构。

随着房地产业的发展，房地产中介服务也正在蓬勃发展，与房地产开发、经营、消费相关的各种中介机构也如雨后春笋般地建立起来。房地产中介机构种类繁多，除了提供金融服务的中介机构外，还包括房地产评估、经纪、咨询等服务机构。房地产中介机构是房地产市场不可或缺的部分，对于提高房地产开发经营效率，活跃房地产市场，促进房地产业的健康发展，具有重要的意义。

房地产中介组织往往都是以经济人角色参与市场的，追逐经济效益是其最主要的行为目标。

二、房地产市场主体利益博弈关系

博弈是指两个或者两个以上的主体在平等的对局中各自根据对方的策略变换自己的对抗策略，达到取胜的目的。博弈的分类很多，一般认为，博弈主要可以分为合作博弈和非合作博弈。合作博弈称为正和博弈，是指相互发生作用的当事人之间在一个具有合作约束力的协议下进行的博弈。合作与妥协是合作博弈的基本形式。合作博弈的结果是双方的利益都有所增加，或者至少是一方的利益增加，而另一方的利益不受损害，因而合作博弈能够产生一种合作盈余，即所有合作方的利益总和大于合作之前的利益总和。非合作博弈是一种局中人不可能达成具有约束力协议的博弈类型。从博弈的结果看，博弈也可以分为零和博弈和非零和博弈，即博弈的结果要么等于零，要么大于或者小于零。

在我国房地产市场中，参与的主体很多，它们之间就构成很复杂的博弈关系，其博弈的类型很多，博弈的结果也完全不同。

在我国，由于国情的特殊性，房地产市场利润空间大，吸引了众多的市场主体参与利益角逐。在鱼龙混杂的房地产市场，虽然各个市场主体的价值诉求不完全相同，但是有一点是可以肯定的，那就是追逐最高利益，包括政治利益、社会利益，最主要的是追逐经济利益。由于市场机制作用的弱化，这些利益主体所追逐的经济利益的叠加，直接导致了高房价的出现。一般来说，参与房地产市场博弈的利益主体越多，房价也就越高。

我国房地产市场是一个各个利益相关者相互作用、相互影响的复杂集合，在这个既对立又统一的矛盾复合体中，形成了几对最为重要的博弈、矛盾关系，即政府与开发商，中央政府与地方政府，开发商与消费者，政府、开发商与被拆迁者，房地产商与金融机构，等等。这些博弈者的矛盾关系是错综复杂的，博弈双方或多方既对立又统一，既掣肘又促进，在不同的时空条件下各对博弈关系也可能发生变化。

（一）开发商与政府之间的博弈关系

开发商和政府之间的博弈关系，是一种既矛盾对立又协调统一的关系。

一般来讲，开发商不和中央政府直接发生关系。开发商和中央政府通过政策法律、财政税收、货币金融手段等间接发生联系，同时，这中间往往又是通过地方政府、金融机构等中间组织来链接的，所以，开发商与政府的博弈关系，主要表现为开发商与地方政府的博弈。

开发商与地方政府的博弈是一种比较复杂的博弈，如果从博弈的类型上看，有时属于合作博弈，有时属于非合作博弈；如果从博弈的结果来看，可能存在三种情形：一是大于零的非零和博弈，二是小于零的非零和博弈，三是等于零的零和博弈。

1. 大于零的非零和博弈

根据博弈理论，大于零的零和博弈是指博弈的结果是“双赢的”，博弈双方的结果都是正收益，或者一方利益不受损害、另一方获得正收益。由于某些利益的一致性，房地产开发商与地方政府在房地产市场的博弈中，时常处于合作博弈状态，往往出现大于零的博弈结果。

地方政府和房地产开发商利益的一致性主要是因为在房地产市场博弈中，双方合作可以产生博弈盈余。地方政府与房地产开发商合作所产生的合作博弈盈余主要表现在：地方政府方面获得的合作盈余是通过房地产拉动土地销售，获得土地收入、税收收入，以及GDP的增长，同时通过房地产业的发展带动当地其他产业的发展；而开发商与地方政府达成合作与妥协所分得的合作博弈盈余主要是获得土地开发权及其所带来的相关经济、社会收益。

在这种以合作为基础的博弈范式中，房地产开发商和地方政府的代表——地方政府履行政府职能的官员必然达成一种利益默契，出现权力寻租的后果。这种政府职能部门官员获得的个人权利“租金”也属于政府与开发商合作博弈的盈余产品。只是这种博弈盈余属于附加盈余，不会参与博弈合作局中人（地方政府和开发商）的盈余统筹分配。

因此，房地产开发商与地方政府最大的利益契合点是让房地产市场保持繁荣。市场的繁荣对于开发商来说，其好处不言而喻。而对于地方政府来说，其好处主要是：第一，获得更具规模化的土地收益和税收收入；第二，房地产业的强大带动性，带来地区整体经济的发展和就业水平的提高；第三，促进基础设施、城市面貌的改善和市政形象的提升；第四，官员个体获得灰色收益（比如行政机构因为房地产收费增加使单位职工政策外福利得以提高，个别官员获得的“权利租金”，等等）。

正因为人格化的官员和非人格化的地方政府在拥有和行使权力、分配资源，给开发商带来利益时，双方都会获得在非合作博弈状态下不能获得的博弈盈余，而且是大于零的博弈盈余。因此，开发商与地方政府在房地产市场的博弈往往都会自觉或不自觉地走上双方合作或妥协的合作博弈道路。当然，需要指出的是，在房地产开发商和地方政府的合作博弈中，双方并不一定会出现契约化的协议，双方的合作博弈主要是在心里的默契之下完成的，并利用“权利租金”的利益勾结予以固化。

房地产开发商与地方的这种利益一致性，使它们在市场博弈中往往站在一致的立场,从而影响着中央政府推出的房地产政策效果。

2. 小于零的非零和博弈

小于零的非零和博弈也就是指博弈的结果之和为负数。在很多时候，地方政府和开发商都会选择合作博弈方式，但有的时候，双方的这种博弈方式也会发生变化，成为非合作博弈。

房地产开发商作为土地的直接需求者，为了降低土地成本，必然希望政府以最低的价格出让土地，这就必然会和地方政府在追求土地财政收入的利益诉求上发生分歧。地方政府的公共管理职能要求房地产商规范行为、支出更多的公共设施建设成本，这会与房地产开发商追求利润最大化的目标之间产生矛盾。同时，地方政府作为中央政府的隶属机构，要履行中央调控房价的政策措施，也会对开发商的不规范行为进行约束和规范，造成开发商开发成本增加，使双方出现对立。所以，基于以上原因，地方政府和开发商就不可避免地会发生矛盾甚至冲突。在这种情况下，双方博弈就属于非合作博弈，博弈的结果就会出现小于零的情形。在此时，因为房价得不到控制，房地产市场得不到健康的永续发展，房地产业从繁荣到衰退甚至萧条，地方政府、开发商合作博弈盈余不复存在，于是双方均成为输家。

3. 等于零的零和博弈

等于零的零和博弈也就是指博弈的结果之和等于零。一般来说，在这种博弈类型中，地方政府往往是博弈的胜家，主要是因为：①地方政府是稀缺性资源——土地的供应者，住宅等各类用地完全控制在地方政府手中。虽然有土地利用总体规划控制，但是地方政府仍然控制着土地的供应量、供应节奏、供应类型及转让价格。② 地方政府是市场的调控者。为了履行公共管理职能，地方政府需要稳定经济、防范金融风险、保障社会公平、解决民生问题，因此地方政府在一定程度上会设法抑制高扬的房地产市场价格、抑制房地产开发投机行为。也就是说地方政府对开发商来说，不仅拥有经济的制约手段，也拥有政策、行政的控制手段。而对于开发商来说，由于政府的调控对策，开发商获取土地难度加大，开发成本增加，资金筹措困难，房价下降，因而成为博弈的输家。但就一般情况来说，这种博弈结果在目前的中国房地产市场出现的时候不多。

总之，对于这三种博弈类型，开发商最愿意选择第一种，或者努力向着第一种博弈类型靠近；而作为地方政府来说，其选择就比较自由了，第一种和第三种都属于可选的范围。选择第一种博弈类型，博弈的胜家是地方政府和开发商；选择第三种，博弈的胜家是地方政府和消费者。但如果把房地产博弈放到更长的时间区间的话，开发商近期成为输家可以赢得房地产业的健康发展，进而转化为后期赢家。到此时，地方政府和开发商双方等于零的零和博弈就会转化为地方政府、开发商、消费者三方共赢的大于零的博弈类型。

（二）中央政府和地方政府的博弈关系

中央政府与地方政府作为同一政治体制框架内的上下级关系，两者在总体目标上具有内在的一致性，但作为房地产市场的两个利益主体，它们之间的利益差别也是客观存在的。

1. 中央政府与地方政府利益的一致性

第一，房地产业作为国民经济的支柱产业，关乎国计民生，而且其产业关联度也很高，其影响已远远超出经济结构本身而涉及社会的安全与稳定。因此，中央政府作为国民经济宏观调控者，要承担防范金融风险，规范房地产业经营行为，促进房地产业健康发展以支持经济增长的责任，同时在“以人为本”的施政目标下，尽量实现“居者有其屋”的政治社会目标，必然从宏观、综合的角度考虑房地产业的发展。稳定房价，解决买房难、买房贵的问题，是广大群众的强烈呼声，也是让全体人民共享改革发展成果、促进社会和谐的迫切需要。同样的道理，房地产业是否能够持续发展，对地方的民生、财政收入、就业、社会稳定等方方面面都有着深远的影响，所以地方房地产市场能否保持稳定的发展态势也是地方政府发展地方经济所关切的问题。因此，从这一角度看，地方政府利益期望与中央政府的宏观调控政策是一致的。

第二，中央政府的经济增长目标与地方政府追求政绩存在一致性。从长远来看，中央对房地产行业的发展是持积极支持态度的，虽然这几年由于房地产价格涨幅过快,中央采取了抑制的调控政策，但这不能从根本上改变促进房地产业持续发展的目标。所以，毫无疑问，中央政府和地方政府、房地产商之间很容易在这一立场上达成共识。比如，2007 年金融危机后，中央政府一直都将房地产业作为“保增长”的关键产业。

2. 中央政府与地方政府的利益非一致性

中央政府代表整个社会利益，为增进社会福利而制定公共政策，具有最高的权力，属于最高权威。中央政府对房地产市场的各种宏观调控政策如市场结构的调整、监督，行业的规范管理等，特别是对城市低收入家庭的住房保障等政策都需要地方政府来实际操作完成。而地方政府为了维护其本地区、本部门的利益，为了确保其“政绩”，对中央政府调控房价的一系列政策和措施往往是选择性地执行。地方政府既是调控的实际执行者，同时又是调控的一个重要对象，其矛盾的角色导致中央政府的调控政策和措施很难真正地落实到位。当房地产开发商采取迎合中央政府宏观调控政策时，就会使地方政府从房地产市场中获得的经济收益减少，房地产开发商的收益下降，同时也降低了地方政府官员的权利寻租收益。因此，中央政府和地方政府由于自身所承担的权、责、利不同，利益兑现方式不同，他们在具体的政策执行过程中必然存在利益的非合作博弈情形。

中央政府代表全局利益，其制定宏观调控政策的出发点是全体人民的整体利益。中央政府作为房地产市场宏观调控政策的制定者，站在保障房地产业持续、健康、稳定发展的角度，追求的是“居者有其屋”。中央政府具有较大的立法权，对影响房地产业发展控制力最大，同时也承担更大的责任和风险。但中央政府由于不能直接参与房地产一级市场，不能直接获取土地增值收益，从房地产开发中获得的收益相对较小。因此，中央政府对房地产市场调控态度较坚决，力度更大，措施也更到位，策略行为也更为理性。然而，地方政府不同，其立法权有限，对宏观调控政策制定的影响作用较小，承担的责任与风险也有限，但地方政府直接经营一级市场的土地交易，并从中获得较大的土地收益，而且当房地产市场风险发生时，可以很大程度上实现由房地产企业向金融企业转移，即由地方政府向中央政府转移[①]。因此，地方政府对房地产市场调控态度就不够坚决，力度也不大，措施也不是很到位，其策略行为也具有较多的非理性的特点。两级政府策略行为的不协调性及相互摩擦甚至相互对立，作用相互抵消，使房地产市场失控的概率增大，政府内部的这种博弈样式使房地产市场的风险上升。

一般情况下，地方政府的短期目标容易与中央政府的长期目标发生分歧。作为中央政府来说，最为关心的是房地产产业和整个国民经济的长远发展，而作为地方政府来说，往往考虑短期的显性发展成果。所以，不可避免地，双方会在此问题上存在矛盾。

---

① 杨梓. 浅析房地产利益博弈中政府非理性策略行为及成因[J]. 现代商业，2008（30）：102-103.

（三）地方政府与金融企业的博弈关系

在房地产市场中，地方政府与金融机构的关系也是一对影响房地产市场发展的重要关系。

1. 地方政府与金融企业利益追求的一致性

地方政府用于投资建设的资金主要来源于两个方面：一是地方财政，即与土地出让收益相关的税收收入。据国土资源部门的调查数据显示：2007 年全国土地收入所得近 13 000 亿元；2008 年由于金融危机房地产行业受挫，土地出让收入也达 9 600 亿元；2009 年为 15 000 亿元。据业内专家计算，除去征地、拆迁、补偿、税费等成本外，地方政府土地出让的净收益在 40%以上，也就是说地方政府三年的土地出让年收益在 5 000 亿元以上。[①]其实，这笔巨额资金还是间接来源于金融企业，即房地产企业通过向金融机构贷款来支付的。二是金融企业的贷款。城市公共建设需要大量的资金支持，而税制改革后，地方政府的税收来源被大大削弱，财政资金远远不能满足其投资需求。而地方政府在追求政绩的驱使下，只能通过向金融机构借贷来满足其资金需求。据财政部统计，截至 2010 年 2 月底，我国地方政府投融资平台负债超过 6 万亿元，约相当于 GDP 的 16.5%，全国各级地方政府投融资平台的负债主要是金融企业提供的商业贷款。当然金融企业也乐意给地方政府提供贷款，因为地方政府每年有源源不断的土地收入和税收作支撑。对于金融企业来讲，这一部分的资产风险相对较小，而且随着土地财政在地方财政比重中的逐年增加，金融企业的趋利本性使得它会主动向地方政府放贷。所以，从这两方面看，地方政府与金融企业在利益追求下取得了一致。

2. 地方政府与金融企业的矛盾

地方政府与金融企业之间也存在着矛盾，这种矛盾产生主要是

---

① 叶檀. 中国房地产战争[M]. 太原：山西人民出版社，2009.

基于以下原因：

首先，地方政府对房地产市场的鼓励与金融企业的资金安全性考量发生分歧。在当前特定的金融市场环境下，住房贷款作为一项金融产品，对金融企业而言存在着一定的风险，而且从特定意义上分析，当前金融企业开展房贷在某种程度上面临的潜在风险甚至高于其他贷款类型。因为一旦房地产市场发生崩盘现象，大量的抵押资产将很难在短期内以合理的价格变现，而且即使能变现，其变现成本也很高，风险会进一步加大。但作为地方政府，其所获得的财政收入远远满足不了地方政府为追求“政绩”而需的建设资金。为了政绩，地方政府会不遗余力地促使房地产市场发展甚至是泡沫式的发展。毫无疑问，这种发展模式背后将要付出的一部分代价则可能要金融企业买单。目前我国金融企业在房地产业中投入的贷款十分庞大，一旦房地产业的泡沫破灭，则会导致房地产价格迅速下跌，金融企业存量房贷将面临巨大风险，所以，从这一角度上说，地方政府一味突出政绩的愿望与金融企业出于对资金安全性的考量产生了矛盾。

其次，地方政府维护地方经济发展大局的行为与金融企业追求企业经济利益最大化存在矛盾。地方政府作为地区的公共管理者，首要目标是实现社会及政治稳定，提供公共产品、为人民服务，以人民满意、社会安宁以及人的全面发展为最终价值追求。所以，地方政府从保证政治稳定角度出发，要为民众提供包括充足房源在内的公共产品，为房地产市场竞争创造良好发展环境，为购房者提供合理价位的住房，以满足民众高质量生活的要求。而金融企业的趋利本性使得它与房地产开发商紧密合作，一方面利用房地产开发商哄抬房价来增加利润，另一方面金融企业则通过贷款给房地产开发商来共享利润，不断推高房价，实现自身利益的最大化。金融企业的逐利结果助推了房价的上涨，而房价的飞涨又造成中低收入者没有足够的支付能力来购房，长此以往必然会造成社会不稳定，进而影响到政治的稳定性，于是与地方政府的公共管理目标发生冲突。

（四）房地产开发商与金融企业的博弈关系

在房地产市场中，开发商与金融业之间的博弈关系主要属于合作博弈类型。

1. 房地产开发商与金融企业利益的一致性

金融企业是为房地产开发商提供资金的资金供给者。从各国房地产市场的发展情况来看，房产市场的繁荣、房价的上升都与金融企业的推动有着紧密联系。金融企业为争夺市场份额，会让大量的信贷资金流入比较风险较小的房地产市场，进而推动房价快速上升，房价的上升又会提高金融企业的资产规模，这样金融企业又必将进一步扩大信贷规模，如此循环，房地产市场价格攀升速度越来越快。金融机构之所以愿意将资金大量地放贷到房地产行业，一方面是因为房地产行业所提供的房地产品的特殊性使信贷资金安全得到较高保障；另一方面，房地产业是金融企业重要的利润来源。房价的上涨，房地产开发投资获得的高额回报会吸引更多的房地产开发商进入房地产业，导致金融企业对房地产开发贷款增多。对于购房者而言，高房价会带来对市场继续走高的良好预期，于是他们也会继续以抵押按揭贷款方式购房投资。无论是房地产开发市场还是消费市场，都为金融企业带来了较大规模的贷款收益。所以，金融企业愿意进入房地产行业，更愿意支持房地产开发商；而开发商的资金来源主要靠金融机构提供，对金融机构具有依附性。因此，在共同的利益追求下，房地产开发商与金融企业达成了利益协调，实现了利益共享。

2. 房地产开发商与金融企业的矛盾性

房地产企业和金融企业之间的矛盾主要体现在：

（1）从长远来看，金融企业在房地产行业贷款比重的增加，会在一定程度上累积风险，因而造成分歧。2007 年美国次贷危机已经证明了这一点。

（2）房地产企业自身利益的维护会影响金融企业的经营判断和利益取现。在目前房地产市场存在严重信息不对称、市场缺乏规范管理的情况下，房地产开发商的开发与销售行为还不太规范，恶意欺诈金融企业的行为屡屡发生。一是向金融企业提供虚假资料来骗取较高信用等级，以获得项目的开发贷款；二是房地产开发商利用“假按揭”套取金融企业的资金，这是目前金融企业办理个人住房按揭贷款所面临的最大风险。房地产开发商在资金周转困难或经营出现问题时，有时候会通过“假按揭”套取贷款，以期在短时间内弥补资金缺口。在“假按揭”中，一旦房地产开发商资金周转出现问题，房地产开发商无力或不愿偿还，金融企业将面临相当大的风险。这种行为实际上是一种欺诈行为，对金融企业资产安全性造成较大的威胁。

（3）金融业是国家高度控制的行业，特别是国有商业银行作为中央政府直接控制的企业，必须执行中央政府的指令，在中央政府对房地产市场进行调控、房价进行抑制的时候，也必须履行宏观调控的职责，因而会与房地产开发商发生利益抵触。

此外，房地产开发商与金融企业的矛盾还体现在金融企业的金融产品较为单一上。金融企业在对房地产开发商提供金融产品的时候，更多的是集中在担保抵押的房地产贷款项目上，品种过于单一。目前房地产开发商和消费者从金融企业获得资金支持的渠道主要是：项目开发贷款和金融企业提供给个人住房抵押贷款。对于这两种贷款方式，金融企业都设定了较高的贷款门槛。因此，金融企业过于单一的金融贷款产品在一定程度上满足不了房地产开发商特别是房地产消费者多样性的资金需求，容易造成开发商资金压力和削弱购房者的购买力，故而双方也会发生利益非一致性行为。

虽然如此，但由于房地产项目开发资金占用量非常庞大，资金问题始终是影响房地产开发项目成功与否的关键。因此，在金融企业与房地产开发商的利益博弈场，金融机构始终处于有利地位，但在双方利益最大化的原则下，金融机构和开发商都会选择合作博弈方式以赢得博弈正盈余，即使出现冲突的时候，作为相对弱势的开发商也会通过妥协来保持这种合作博弈的承续。

（五）房地产开发商与购房者的博弈关系

当前我国房地产市场一方面存在开发投资过热、供给结构不合理的状况，同时亦存在房价持续上扬、商品房的空置率高居不下、居民消费中的有效需求得不到满足的矛盾现实。在房地产交易市场中，房地产开发商与购房者之间的矛盾，即供给方与需求方的矛盾是造成房地产价格不断变化的关键因素，双方的博弈关系是房地产市场诸多博弈关系中最为激烈、最为持续、影响最大、博弈类型最为稳定的一对关系。

1. 房地产开发商与购房者作为供给者与消费者间的一致性

房地产开发商作为中国房地产市场的利益主体之一，其经济行为直接影响着购房者的物质生活乃至精神生活，因此在房地产投资中，住宅的开发建设占有很重要的地位。而且由于我国人口多，刚性需求大，住宅的需求相当大。房地产市场的繁荣是以有效的需求为基础的，如果离开了消费者，开发商有再大的能耐也不可能赚取利润，所以，从这一个层面上看，开发商是不可能一味地追求高房价的，而必须在房价（有效供给）与消费者的有效需求之间构建平衡点，这样，开发商与消费者之间便形成了一致性。当然，这种平衡状态，特别是心理上的平衡是很难确定的。

2. 房地产开发商与购房者作为供给者与消费者间的对立

房地产开发商与购房者之间存在着的相反的利益追逐是双方矛盾博弈的最主要节点，而房地产市场严重的信息不对称性和市场地位的不对称性又加剧了这种矛盾。一是由于政府制定和实施的规则明显有利于房地产开发商，使房地产开发商在与购房者博弈中运用这些规则，使自己处于强势地位。二是房地产开发商拥有更多的关于房产设计技术结构工艺、材料供应、工程造价等信息，也可以和地方政府为赢得博弈盈余在合作中互通信息、共享信息获得许多市场供求信息。而相反的是，购房者却对这些十分关键的产品信息、成本信息、市场供求信息知之甚少，极大地影响其在价格谈判中讨价还价的能力，更多的时候他们是处于被动接受的地位①。三是在房地产营销环节，双方实力也是无法相比的，消费者面对房地产开发商强大的竞争实力，丰富的市场经验，专业的营销队伍，花样翻新的促销手段，只能被动地、甚至糊里糊涂地接受。四是在房地产市场博弈中，房地产开发商可能利用政策法规的漏洞，犯规作弊，欺骗购房者，损害购房者利益，还有可能与个别政府官员串通密谋，采用不正当手段，控制博弈过程，左右博弈结果，使博弈完全失去公平竞争的基础。五是相对于十分分散、难于形成合力的购房者，房地产开发商之间则较易形成协同博弈优势，如联手造势、集体捂盘、共同提价等。因此，购房者在房地产市场上完全处于劣势地位。

三、房地产市场主体利益调节机制

机制原指机器的构造和工作原理。引申到社会、经济学领域是指社会、经济组织内部和运行变化的规律。在理想状态下，一个良好的机制，能够自动适应环境的变化而主动做出调整。所以，房地产利益调节机制是指那些能对房地产市场主体利益有着长期性影响，甚至能对房地产市场发展起着自觉调整作用的方式和途径。

① 杨梓. 我国房地产利益博弈探究[J]. 消费导刊，2008（9）：20-21.

（一）房地产市场利益协调的原则

1. 以人为本原则

在社会主义中国，以人为本就是以人民群众的根本利益和实现人的全面发展为目标和出发点，紧紧围绕人民、紧紧依靠人民、一切为了人民，不断满足人民群众日益增长的物质文化需要，切实保障人民群众的经济、政治和文化权益。这一原则不仅是中国经济发展应坚持的原则，也是对房地产市场主体进行利益调节必须坚持的原则。

首先，在对房地产市场主体进行利益调节的过程中，坚持以人为本原则，就是要以满足最广大人民群众“老有所居、居有其屋”的住房愿景。以人为本首先必须尊重人的本性需求。衣食住行中的“住”，即是人的本性需求之一。满足人的居住需要就是坚持以人文本。人是一个单数概念，人民则是一个复数概念。在社会主义中国，以人为本还必须是以人民为本，以广大人民为本。毫无疑问，作为最大多数的购房消费者是人民的主体。因此，对房地产市场主体利益进行调节，坚持以人为本、以人民为本，首先应该处理好少数人的利益和多数人的利益的关系。

其次，坚持以人为本原则应该处理好局部利益与整体利益的关系。对房地产主体利益进行调节，抑制房价，不仅仅关系到房地产业的发展，也关系到整个国民经济的发展，不仅仅关系到某个地方区域的发展，更关系到整个国家的发展。所以，对房地产主体利益进行调节要兼顾房地产业与其他产业、房地产业与整个国民经济产业、区域与区域、区域与整个国家之间的利益关系。

再次，坚持以人为本原则应该处理好人民的长远利益与眼前利益的关系，不能为了近期利益损害了人民的长远利益。

2. 效益优先、兼顾公平原则

房地产市场利益协调机制的建立必须本着效益优先的原则

来进行。

在经济学中，如果一项经济活动所达到的结果在不会使其他人境况变坏的前提下，不再有可能增进任何人的经济福利，则该项经济活动就被认为是有效率的。也就是说，在一项经济活动中使用的资源越少，取得的效益越大，那么这项活动就是有效益的。效益的类型是多方面的，既有经济的效益，也有社会的效益。在房地产市场活动中，市场主体利益的调节必须以效益最大为前提。否则，无法遏制的垄断，或混乱无序的竞争，或没有制衡的政府干预等因素都会影响房地产市场资源的最优配置，影响整体效率的实现，进而损害各个市场主体的切身利益。

与此同时，房地产市场利益协调还必须兼顾社会公平。有时候，追求效益和效率，会和兼顾公平相矛盾，因为房地产市场资源是有限的，土地资源是稀缺性的，面对相对稀缺的资源，在提高资源配置和利用效率的约束下，对资源的分配就会选择那些利用效率较高的社会主体，于是社会公平就可能被忽视。因此，这就需要把效益优先和兼顾公平结合起来，也就是既要促使房地产市场的可持续发展，使房地产业创造更多社会经济价值，又要兼顾民生，控制房价，让全体社会主义公民获得尽可能多的房地产业发展带来的益处。

3. 多方利益兼顾原则

利益兼顾原则就是在利益协调中要对房地产市场各个主体的利益予以兼顾。而要实现多方利益兼顾，必须各方让利。房地产市场利益调节的主要目标之一是抑制房价，而房价的高昂正是各个市场利益主体利益叠加的结果。只有利益各方本着既实现自身利益又尽量少损害其他主体的利益的原则，即开发商让利、中央减税、地方减费让利，房价调控的根本目标才可能真正实现。

在我国，房地产项目的收益率是奇高的，对于房地产开发企业来说是存在让利空间的；对于中央和地方政府来说也是存在着较大的税费减免余地的，特别是对于大量的乱收费项目来说，更有减免的必要。

利益兼顾原则要求具体处理好以下几种房地产市场利益关系：

（1）中央与地方利益的兼顾。

地方政府作为我国房地产市场主要矛盾的一方，它是有着自身的利益需求的。从分税制改革之后，地方政府的税源大减，维持地方政府运作的必要财政资金大多不能自我满足，在住房制度市场化改革后，房地产业作为地方政府的重要税收来源对于地方政府城市建设的资金满足起着重要作用，因此，地方政府出于自身利益和政绩的考虑，是不愿意限制当地房地产的发展的，更不愿意让土地收益降低影响地方财政。但作为更高一级的中央政府，也有着更高的使命，那就是实现“居者有其屋”的社会目标。现阶段房地产市场的畸形发展，房地产财富的累计效益，造成了严重的贫富分化，房价的高企，引起了很大的社会问题。从长远看，房地产市场的进一步调整和改革势在必行。因此作为对房地产市场利益调节起主导地位的中央政府在制定、实行事关民生的政策时，还要考虑作为供地方的地方政府的实际情况，以实现二者利益的有机结合，共同促进民生事业的圆满解决。一种比较有效而稳妥的方法是既保证地方政府合理的土地财政愿望的实现，又合理抑制地价，裁并不合理收费（见第四章）。

（2）盈利与非盈利的兼顾。

在目前的房地产市场中，除了未购房的普通消费者外，各个利益主体均实际上处在盈利状态（即使在新的调控政策压力面前有些房地产开发商声称处于资金短缺、亏损的情况），而且他们中的一些利益主体盈利能力远远高于马克思在《资本论》中分析的资本主义状态下的资本实现能力。即使是对于已经购房者来说，在房地产价格不断高涨的市场中，其已购房产不断升值，已购房者获得了理论上的升值收益。但任何市场都不可能是产品价格一直不断上涨的。房地产市场也是一样，必然有价格下滑的时候。当价格下滑，房产贬值时，受损害最大的则恰恰是已购房者。所以，从整体上看，在房地产市场中，利益弱者始终是广大的消费者。他们是最需要也是最应该得到利益关注和倾斜的主体。

我国是有着鲜明中国特色的社会主义国家，国家一切政策的根本目的都是为了满足广大人民的利益需求。作为政府来说，应该充分认识到房地产的公共物品性，把非营利的目标放在非常重要的位置来考量，只有处理好营利与非营利的关系，房价才可能得到抑制，房地产市场才可能得到更加健康的发展。

4. 法制化原则

法制化是我国社会主义国家的基本要求，也是房地产市场利益调节必须遵循的原则。法制化原则要求所有的市场行为必须按法律的规范进行。特别是对于房地产市场中所存在的暗箱操作行为、违规行为、腐败行为，一定要严肃法纪，切断市场主体的灰色利益链条。只有当这种灰色利益链条被彻底阻断，法制的威力发挥了真正的作用，房地产市场相关主体现有的利益格局被彻底打破，房地产市场利益协调机制才可能真正建立并发挥作用。另一方面，法制完善是市场机制得以有效运行的关键。因此，进一步制定和完善我国房地产市场的法律法规也是十分必要的。

总之，我们应秉持追求效益、兼顾公平、多方让利、统筹兼顾的原则，不断促进我国房地产市场的健康合理发展。

（二）房地产市场利益协调机制

要有效地抑制房价，对市场主体利益进行协调，应当进一步建立和完善房地产市场利益调节机制，让这种调节机制自觉地发挥作用，以避免人为强制调节对房地产市场所带来的波动。当然，作为完善的房地产市场利益协调机制不应只是一个单一的制度，而应是各种机制和制度的集合。

1. 进一步完善市场调节机制，准允居民直接购地集资建房

自取消福利分房之后，我国房地产市场化进程不断加快，市场机制在房地产业发展中起了重要作用。市场机制的关键是按价值规律、竞争规律、供求规律调节市场资源的优化配置，通过等价交换、自由竞争和供需结构变化确定产品价格。但是，在目前的我国房地产市场，房地产品定价扭曲，价格严重偏离价值。造成这种房地产价格高企、价格扭曲的原因是多方面的，但市场机制不完善是重要原因。

作为完全竞争的市场，应当是：所买卖的商品具有同质性，不存在差别，用户产品转换成本低；有相当多的、进出市场自由的买者和卖者，单个买者或卖者都不能影响市场价格，而只能是价格的接受者；市场信息完全，买者和卖者都能掌握与产品直接相关的完整的市场信息；买者和卖者无串通共谋行为，不存在政府的过多干预。根据以上标准，目前，无论从哪个方面来衡量，我国的房地产市场都不属于完全竞争市场。市场竞争不充分，相当程度垄断行为的存在是导致房地产价格高企的重要原因。

因此，完善市场调节机制的重点在于完善竞争机制。

首先，应逐步开放土地由城市政府统一供给的土地一级市场，在严格的制度规范下适当允许农村土地直接入市。

其次，应允许以自住为目的的消费者以集团的形式直接从国家购买土地集资建房，切断或者削弱开发商对房地产终端产品垄断供给的去路。如果说，垄断土地购买是开发商对房地产定价垄断的来路的话，那么，垄断对房地产终端产品的供给（只有开发商才有资格开发房地产、销售房地产，消费者只能在开发商手中购房）则是开发商垄断房屋定价的去路。房地产开发商之所以能够长期维持高位定价，主要是因为其对土地的垄断开发和对房地产品的垄断销售。

在此需要特别说明的是，国家为了防止国有资产的变相流失，取消了行政、企事业单位集资建房的政策，这是正确而必要的。但

它和我们在此所讨论的消费者直接购地集资建房是不完全相同的两回事。前者是指用划拨土地集资建房，此处是指通过出让方式获取土地集资建房；前者集资建房的主体是政府机关工作人员和国有企事业单位员工，而后者则不仅仅指上述人员，还包括所有的以自住为目的的、达到国家规定条件的其他居民。

居民直接购地集资建房的必要性和意义在于：第一，可以打破开发商对房地产产品供给的垄断；第二，可以减少从土地到房地产消费过程的中间环节，极大地降低房地产成本，进而降低房价，切实保障消费者的利益；第三，为消费者提供了另一条获得住房的路径（以前只能从开发商手中购房），不仅保护了广大购房者的权益，而且对开发商将形成竞争冲击，打破开发商对商品房供给的垄断，迫使开发商之间放弃共谋串通和高位定价，自然而然地实现让开发商让利的目的。

在我国，要获取土地开发权和获得房地产品销售权，必须具备极高的资质条件，根据我国相关法律的规定，房地产开发企的设立应当具备下列条件：① 有自己的名称和组织机构；② 有固定的经营场所；③ 有符合国务院规定的注册资本；④ 有足够的专业技术人员；⑤ 法律、行政法规规定的其他条件。从这些规定来看，要获得土地开发权，也就是说要具有购买国有土地进行开发和销售房地产品的资格，必须有足够的资金实力、专业技术从业人员数量、成立有固定场所能承担责任的组织机构。这些规定也就等于把其他社会组织和个人排除在了房地产市场供给主体队伍之外，使市场供给主体不能自由进入市场，造成供给市场竞争程度降低，进而为房地产开发商提供垄断定价的机会。

其实，只要政府允许以自住为目的的消费者以集团的形式直接从国家手中购买土地集资建房，那么要打破这种开发商垄断也并不难。第一，从政府对房地产开发企业设置的成立条件中我们不难发现，这些条件是对以经营为目的的企业组织而言的，而消费者直接购地集资建房不是以经营为目的而是以自住为目的，购地建房行为只是一次性的（企业组织是多次性的），因而完全可以不必达到那么高的条件，特别是对资金的要求可以降低门槛，只要能够筹措到相应额度的购地和开发建设资金即可；第二，对于专业技术人员的要求，在自住集资建房模式下，可以充分发挥社会第三方机构的作用，由满足条件且得到国家认可的居民集资建房者委托第三方机构承担相应业务，包括施工勘察、施工设计、项目发包、施工建设等（不存在销售业务）；第三，由于购地建房只是一次而非多次行为，因而不一定要成立有固定场所的机构组织，只要有契约文书的保证即可。

总之，在现行政策框架下，只要稍作调整，居民直接购地建房的可能性是存在的，风险也是可控的。

2. 发挥中央政府的主导作用，健全行政调节机制

房地产业关联国民经济的众多产业，事关国计民生。房地产市场调控的重点在于调控房价、协调市场主体的利益关系。一般来讲，市场利益的分割不仅取决于市场机制，也有赖于制度安排。如果制度设计缺损，房地产市场利益争夺就会混乱，利益分割就会失控。因此，健全行政调解机制是有效调节房地产市场利益的必要保证。

不断上涨的房价、房地产市场结构的失衡、市场秩序的紊乱等，已经远远超出了市场自身的调节范围，所以我国的房地产市场需要也必须由政府特别是中央政府主导，充分利用政治权威和制定市场规则的角色地位承担起利益调节的重任。

3. 进一步强化利益约束机制和利益制衡机制

房地产市场是一个开放的市场，市场主体之间的博弈主要是围绕着利益分割而展开的。如果要使各个主体的利益企图都得以全面展开和实现的话，只有一种理论假设，那就是房价无限上涨。但现实的市场是不可能实现这种理想状态的，房价必然会有下跌、不涨的时候。房地产主体利益不可能全面实现，不可能实现市场博弈中

所有局中人都产生博弈盈余的结果。在这种情况下，如果市场主体都是赢家，获得正盈余的话，那么只有消费者是输家，其负收益将是所有赢家盈余之和。其值越高，消费者的负担越重。因此，这就需要在政府的主导下建立起通过市场和行政之手对市场各个主体进行利益约束的机制。

利益约束机制最主要的关切对象是地方政府和开发商。对地方政府要通过以土地谋财政行为的约束来降低土地价格，通过合并减少税费收取降低开发环节费用。对开发商要约束其违规行为，通过建立房地产价格听证制度、行业基准受益率公示制度和房地产企业社会责任评价制度等等来对开发商的逐利行为进行约束。

利益的约束有赖于利益主体的制衡，如果在同一市场环境中，地位和角色相同的主体不能实现对等和制衡，某一主体可以任意地凌驾于其他主体之上，那么市场公平竞争的格局就会被打破，利益分割就会不均，利益竞争就会加剧。在我国房地产市场中，这种情况出现的频率很高。比如，政府与开发商之间，政府可以通过修改政策规则，打破市场公平；在开发商之间，某些开发商可以通过特殊的人脉关系和非正当的手段打破市场公平，赢得特殊利益。所以，将房地产市场的同类利益主体都置于平等的制衡状态，是调节市场利益主体、抑制房价的又一必要手段。

4. 建立房地产市场分类调节机制

分类调节就是对房地产市场主体进行分类，对不同的主体采用不同的利益协调方式。比如，对政府组织要采用以行政硬协调为主的方式，对其不合理的利益谋求一定要通过政策的手段予以制止和限制；对于市场化的主体，如开发商、中介企业组织，要采用以市场软调节为主、行政调节为辅的方式；对于既是政府组织又是市场化的企业组织，如国有商业银行，则要两者相结合。

对房地产市场主体进行利益分类调节,还表现在对其的分阶段、分环节调整上。房地产开发是一个周期较长、环节较多的过程，在每一个环节，参与的利益主体是不完全相同的，矛盾对立程度是有差异的，即使是同一主体，在不同的环节，利益诉求也是有区别的。因此，在对房地产市场主体利益进行调节时，应分类分环节对待。比如，在土地征用阶段，矛盾对立的双方主要是地方政府和被征地农民，利益约束的重点在地方政府；在销售环节，矛盾对立的双方主要是开发商和购房者，利益协调的重点在开发商。

5. 建立市场信息披露机制

我国房地产市场最大的症结之一就是市场信息不公开、不对称，导致市场最主要的利益主体——开发商和消费者在利益博弈上处于不对等的状态。一般来说，开发商对市场信息具有相对垄断的优势。因此，要使信息资源方面处于弱势地位的消费者掌握较为充分的市场信息，以便在市场谈判中居于较为主动的位置。消费者掌握的信息越充分，谈价议价能力越高，越是有能力影响和制约卖方的定价，从而起到调整市场主体利益格局，抑制房价的作用。

要建立房地产市场信息披露制度，首先需要政府主导，特别是中央政府从法律法规的层面予以强制。其次要通过各种信息平台定期发布房地产相关信息。比如：各地分年度或者季度发布当地的房价指数，当地的房地产市场分析报告；建立官网式的或者第三方机构主办的房地产信息网和数据库，每日公布当地市场信息，特别是市政信息、房源信息、空置信息等；由主流媒体定期发布重要的政府规划信息。再次，要减少信息传递中间环节，要注意更有效地发挥政策效力，缩短信息传递链条，提高信息传递的有效性和真实性。特别是要注意信息传递的有效性，有效性是否得到保障有赖于信息传递是否及时和信息传递对象是否准确。

目前，我国房地产市场信息发布非常杂乱，有官方的，有开发商的，也有民间组织和个人发布的。作为普通购房者来说，很难区分其中的真伪，并且其间的信息很不及时，信息针对的对象也不是普通购房者。这些市场信息对消费者购房指导根本无用，有时甚至起着混淆视听、误导消费者的作用。所以，应当建立起权威、及时、准确、有针对性的房地产市场信息披露制度，让消费者了解和掌握相关的市场真相，对普通消费者购房予以正确的指导和帮助。

6. 改革政绩考核机制

错误的政绩观在一定程度上影响了房地产市场的畸形发展。由于无论是中央对地方工作的考核还是老百姓对地方政府工作好坏的认定都主要是通过GDP、财政收入、城市面貌、交通状况等一些显性的指标来衡量的，所以，作为地方政府来说，不得不更注重房地产业的发展，导致房地产业出现了现在这样尾大不掉、价格高企、问题多多、压力重重的局面。因此，要对房地产市场利益进行协调，就需要从产生问题的根源抓起，对地方政府的政绩考核机制予以调整，从原有单纯考核追求经济数量上的增长转变为重视经济结构的改善和优化，从单纯考核GDP增速等显性指标向考核关系民生发展和影响地区经济发展潜质的隐性指标转化。同时，在官员的任免提拔方面，应充分考虑地方民众的意见与建议，把是否重视解决城市中低收入家庭住房困难问题和当地中低收入水平的居民住房增长量，保障性住房的实施力度、实施效果作为重要的依据。

7. 建立分层次分级的土地供应机制

目前，我国土地配置机制是市场与计划共同作用的“双轨制”，但正是由于在执行时的不到位，导致土地交易市场存在着一定程度上的混乱，土地市场的管理呈现出“政出多门”、多种形式“成交”、隐性市场活跃、国有土地收益严重流失的局面。因此，目前地方政府应根据市场需求以及城镇居民的收入水平，制定更为严格完善的土地政策和管理法规，建立多层次的城镇国有土地的供应制度，这样既能发挥市场在土地配置中的作用，又能充分发挥地方政府计划调控的功能。第一，对于经营性土地，要继续发挥市场机制的作用，优化配置土地资源、集约化利用土地。第二，对于保障性住房的土地，要加强政府计划调控的能力，及时有效提供用地需要。各级政府应根据实际情况制定中长期的保障性住房建设规划，逐步增加保障性住房用地供应总量；落实保障性住房建设任务；政府有关部门应加大跟踪督查力度，实行行政问责制度，将住房保障体系建设列入地方政府的政绩考核内容，充分调动地方政府加快保障性住房建设的积极性。第三，要严格限制地方政府以城市重大投资和招商引资项目等非经营性土地为名，进行协议出让土地使用权，要加强对协议出让土地使用权后的监管力度，防止变相改变土地用途谋取利益。第四，严控行政划拨用地。对行政划拨用地要严格限制用地的范围和规模，防止出现利用行政划拨用地变相进行商业性开发的情况，对以行政划拨方式取得的土地使用权，如出现企业改制、政府搬迁、土地使用权转让或者改变土地用途等不再符合国家有关规定的情况，应当依法收回。

8. 发挥房地产行业协会作用，建立行业自律机制

目前房地产项目的利润率已经达到了一个相当高的程度，远远超过其他国民经济产业的平均利润率。虽然在市场经济条件下，企业拥有对产品的自由定价权，但按照价值规律原理，过低或过高的价格都是不利于市场健康发展的。房地产的高利润是开发商通过夸张的广告、五花八门的促销手段取得的。在营销中，开发商将房地产营销策略用到了极致，房地产广告中用尽了各种描述房地产品最美好的词句，如黄金地段、国外理念、绿色家园、环保装修、教育地产等。开发商通过炒作概念，不断放大价格信号，最终的销售价格大大偏离真实成本[①]。这种行为本属于企业自身营销行为无可厚非，但在信息不对称的市场，这种营销行为带给消费者的则是巨大的利益损害，是有悖于道德良知的不光彩行为。

面对因为开发商高超的营销伎俩而虚增的高额利润，目前缺乏

① 徐俊武，肖晓勇.房地产宏观调控中政府与房地产开发商行为的博弈分析[J].重庆工学院学报，2007，21（8）：34-36.

有效的约束与监控是一个方面，房地产业缺乏自律意识又是另一个重要原因。因此，一方面要依据《中华人民共和国广告法》和《中华人民共和国反不正当竞争法》，加大对房地产市场销售环节的监管；另一方面要加强房地产行业的自律意识，充分发挥房地产行业协会和第三方组织的作用，通过公开房地产开发建设成本、发布市场公共信息、披露开发商违纪违规手段等方式，建立起以行业协会为主体、第三方机构辅助，房地产开发商参与的行业自律机制（对于自愿参与行业自律协会，行业组织评价度高的房地产企业要由官方媒体予以报道），加强行业道德自律。

9. 建立为普通购房者服务的辅导、咨询机制，引导住房理性需求

对于大多数购房者来说，对购房过程中涉及的诸多问题，包括对政策的理解、对市场信息的了解、对开发商所作所为的认知都是不很清晰的，这就很容易导致不合理的、非理性的市场需求，助推房价上涨。因此，为了让消费者更清醒地认知市场，进行理性购房消费，应该由政府主导，通过社区和政府指定的中介组织定期与不定期地为广大市民进行包括房地政策、购房须知、金融服务、物业管理等在内的知识的宣传和讲解，从而建立起一种有效的购房辅导、咨询机制。

在我国，房地产中介机构目前大都以资产评估、前期策划和销售代理为主，这些机构大多数都是为房地产开发商服务。而面向普通购房者、能够对房地产市场和各个开发项目做出完整和公正评价的中介机构却非常缺乏。因此急需建立一种能以其丰富的专业知识和完整、准确的信息资源为普通购房者提供咨询服务的中介机构，以减少购房者的信息劣势、改变信息的非对称性，合理地引导住房需求，为培育良好的消费市场打下坚实的基础。

第六章

征地、拆迁环节的利益协调机制

我国房地产市场利益博弈表现在很多环节，其中，又以征地、拆迁环节的利益博弈和矛盾最为突出。

随着城市化、现代化、工业化的发展，政府征地与住户拆迁利益冲突问题日趋严重。在城市建设征地和拆迁中，矛盾冲突和利益博弈的主体主要是政府与被征地农民、开发商与被拆迁人。马克思曾经这样说过："人们奋斗所争取的一切，都同他们的利益有关。"城市建设征地和拆迁，其实质是征地方和被征地方、拆迁方和被拆迁方利益的博弈[①]。利益的巨大冲突，必然导致博弈的程度异常激烈。我国征地拆迁中利益冲突问题主要表现在征地与失地（涉及对土地权益的占有与非占有方式的改变）、土地增值与征地补偿（直接影响双方收益或支出）、城市扩张与失业（关系到未来收益）、长远利益与当前利益等方面。

一、我国土地制度与土地市场

土地制度是为制约人们利用土地所形成的经济关系和法律关系而设定的行为规范，是人们在一定社会经济条件下，因土地的归属

① 袁军.南京市农村房屋拆迁运作机制研究[D].南京：河海大学，2007.

和利用问题而产生的所有土地关系的总称。广义的土地制度包括土地所有制度、土地规划制度、土地征用制度、土地使用制度、土地保护制度、土地税收制度和土地管理制度等。

我国实行的是社会主义土地公有制，这种土地公有制包括了城市土地全民所有制和农村土地集体所有制两种形式。因此，在土地双轨制下，产生了具有中国特色的两类土地市场：一类是以让渡所有权为内容的土地市场，另一类是以让渡土地使用权为内容的土地市场。前者主要是指政府出于公共利益需要对农村集体土地的征用。后者则是与房地产开发最紧密的商品土地市场。而以让渡土地使用权为内容的土地市场又分为三级，其中一级土地市场是由国家高度控制和垄断的市场。

目前，我国土地市场和土地制度中存在的问题和需要完善的方面很多，既有征用环节的问题，也有规划、使用、税收等环节的问题。

（一）城市土地增值迅速

现今的中国房地产市场，房价飞涨，实质是土地增值迅速所致。从经济学的角度看，我们通常所说的房价，实际上是包括了地价在内的总价格，地价隐藏在房价之中；土地收益属于地租，应归土地所有者——政府所有，房产收益属于投资利润，应归房地产开发商。但是，在实际的房地产经济活动中，房产成本和收益与土地成本和收益都是以房价的形式统一支出给开发商的。在房地产成本组成中，土地价格是非常重要的部分，其增值越快，房价涨幅越快。

土地不断增值的原因是多方面的，最重要的在于：一是土地属于稀缺性资源，垄断性经营导致价格高企。二是城市化推动城市土地需求量大增。城市化是人类社会生产力发展到一定阶段而出现的一种社会经济现象，是工业化的必然趋势，也是我国走向现代化的必由之路。但是，快速城市化也给中国社会带来了十分突出的问题，那就是城市资源人均占有减少，城市规模进一步扩大，土地资源严重匮乏，引发房价高涨。三是社会经济的发展造成土地供需矛盾突出。四是土地被深度开发利用，土地价值得到充分挖掘。

近年来，我国土地升值速度十分快速，升值幅度也十分惊人。各地地王的反复出现就是最好的实证。有这样一则有关郑州市“地王”不断被刷新的资料：2004 年 4 月 26 日，思达集团以 5.91 亿元的高价夺得位于郑州市花园路和东风路交叉口处 431.2 亩农科院试验田土地的使用权，每亩约 137 万元，成为郑州“地王”；2006 年 6 月 28 日，郑州拍卖西区电缆厂的一块地，每亩约合单价达到 225 万元；2006 年 11 月 3 日，鑫苑置业以每亩 259 万元拍得位于郑州市桐柏路与朱屯路交叉口附近一块土地，刷新郑州西区地价纪录；2006 年 12 月 5 日，河南建业以 2.8 亿元的价格拍下了南阳路东、宋寨北街南一块 65 亩的土地，每亩达 430 万元；2007 年 7 月 25 日，鑫苑置业以 11 150万元的价格竞得一块位于建设路与伏牛路交叉口附近的土地，折合单价 450.5 万元/亩；2008 年 1 月，郑州建海置业以 1.6 亿多元拿下郑州电视台的 25.3 亩土地，创下了一亩地 633.2 万元的纪录；2009 年 12 月 9 日，冉屯东路东、西站路北，面积为 6.54 亩的土地经过 10 轮竞争，以 3 465 万元成交，每亩地价 529.8 万元，成为新地王。[①]

可以说，正是土地的快速升值，导致市场对土地资源的争夺更加激烈，政府征地更有利可图，对征地乐此不疲。

（二）土地供给缺乏合理引导，土地供需矛盾突出

由于目前缺乏合理引导，城市土地供给存在凌乱无序的现象，城市规划与土地利用总体规划衔接性不强，城市建设和发展规划难以适应新形势的需要，导致土地开发和建设的随意性和产业布局的短期性。例如：土地供给未与基础设施、公共建筑的建设布局紧密结合，带来了交通、环境等一系列问题；工业用地、住宅用地、商业用地交错分布，土地利用功能混乱，限制了城市的整体功能发挥；等等。

① 佚名．土地升值，中场还是终场？[OL].（2010.8.11）.http: //house. china. com.cn/.

另一方面，由于土地利用缺乏科学合理的规划，导致土地供给不合理，商业用地、住宅用地、工业用地、社会文化发展用地等方面的土地供应比例失调。在有的城市，只注重商业的发展，而且商业用地地价更高，于是商业用地的供应量很大，而事关民生的住宅用地供给却偏少，使投放市场的住宅供应量降低，这无疑对房地产价格有非常重要的影响，造成住宅市场供需结构失衡。

（三）土地闲置现象普遍，政府土地收益流失严重

在土地出让市场，存在着不规范的交易行为，甚至还出现了权力寻租的灰色交易和违法交易，导致国家土地收益严重流失。

政府土地收益流失主要表现在：一是土地闲置不开发，土地资源的浪费严重。国土资源部提供的数据表明，仅到 2005 年 6 月，全国城镇规划区范围内共有闲置土地 107.93 万亩，空闲土地 84.24 万亩，批准而未供应土地 203.44 万亩，三类土地总量为 395.61 万亩，相当于当时城镇建设用地总量的 7.8%。再如，来自上海官方的统计数字表明，截至 2005 年 8 月，上海有闲置土地 1 000 公顷。土地的大量闲置，导致土地低效利用和资源的浪费①。二是土地开发强度和深度不够，土地资源未能得到最优利用。三是土地资源利用效率、产出低。四是违规违法出让，以低价或者反补出让金的方式出让土地，使土地资源流失。

二、征地拆迁中的利益主体与利益博弈的核心

土地征用制度是土地制度中非常重要的制度部分，是指国家为

① 陆佩华. 浅议我国城市化进程中的土地供给机制[J]. 市场周刊：理论研究，2007（7）：87-88，103.

了社会公共利益的需要，依据法律规定的程序和批准权限，依法给予农村集体经济组织及农民补偿后，将农民集体所有土地使用权收归国有的制度。依据中华人民共和国相关法律规定，国家行政机关有权依法征用公民、法人或者其他组织的财物、土地。

在以让渡土地所有权为内容的土地征用市场，利益博弈的主体主要是地方政府与土地被征用者、开发商和被拆迁者，而数量最多的购房者暂未参与其间。但这个利益博弈的结果最终会通过房地产价值链传导给消费者。

作为征地市场主体之一的地方政府，在征地市场中是以买方和公共职能管理者的双重身份出现的，这样，就使得其市场地位处于绝对强势地位。一方面，如果每个社会成员都对政府讨价还价，追求无限度的经济补偿，甚至出于情感上的考虑，那么协调成本、交易成本过高，效率问题无法解决，所以，政府不可避免地要做出一些它认为出于公共利益考虑的决定。另一方面，在我国由于国情的原因政府又在土地征用上兼顾了政府非公共需要的利益。理论上，征用权是政府用来提供非排他性和非竞争性产品，而不是私人产品的权利。如果政府怀着一种牟利的心态在征地市场行使这种权利，就很可能会出现另一种权利寻租的形式,进而造成政府与被征地者、被拆迁者之间的矛盾，弱化政府公信力。

房地产开发商等土地使用者是征地、拆迁环节中的另一个重要的市场主体。他们在此时虽然作为要从政府手中购地的买家，但由于利益的捆绑，并有时候作为购买此地块的直接购买者，充当着政府征地拆迁的直接执行人，应该说他们都是站在政府一方的（当然就作为土地购买者而言，他们又直接和政府产生博弈关系），他们主要是与被征地、被拆迁者进行利益博弈。

被征地的村民、被拆迁的住户是征地拆迁环节中与地方政府和开发商处于利益博弈对立面的主体。所有参与交易过程的个人和组织都是“经济人”，被征地、被拆迁的农民在一定程度上也是“经济人”。他们也有自己的利益追逐。由于农民失地之后大多只能面临进城的选择，他们在进行进城选择的时候也会考虑进城成本和进城收益。但是，作为失地的农民来说由于受其自身视野的局限，主要考虑的是直接的、可看得见的补偿收益或者失地之后出现的利益损失，而看不到因为进城成为城市居民享受到的城市公共资源带来的隐性收益和潜在收益（比如因交通便利节约的交通成本，就医、求学的方便带来的费用减省，等等），这就会与政府的视角和行为发生分歧，进而出现较为严重的矛盾。

在征地拆迁环节，上述主体利益博弈的关键是土地征用价格、拆迁补偿费用以及安置补偿等问题。

三、征地拆迁环节的利益协调

土地征用和拆迁是目前我国房地产市场中矛盾最为突出的环节。这种矛盾虽然都是因经济利益冲突而起，但往往又会被扩大到社会领域，引发尖锐的社会矛盾。要解决土地征用和拆迁环节的利益矛盾，需要采取以下措施：

（一）减少土地价格落差，建立合理的价格补偿机制

土地征用补偿问题是一个十分敏感的问题，是土地征用市场中利益博弈的核心，也是影响房价、中国土地征用制度中急需解决的一个关键性问题。

1. 土地征用与拆迁过程中存在的问题

（1）土地征用时公共权利使用不规范。

土地征用应当是出于公共利益的需要。《宪法》和《土地管理法》明确规定，国家对集体所有土地进行征用的前提应当是“国家为了公共利益的需要”。2011 年 1 月 21 日实行的《国有土地上房屋征收与补偿条例》对“公共利益”进行了补充界定。但是，我国法律中对于公共利益的界定仍比较模糊，适用范围也比较有限，征用农村

集体土地不适用此条例。因此，在实际操作中就造成了因“公共利益”没有具体的标准而被人为地扩大甚至歪曲。同时，政府在征地时利用公共权力执行公共利益时也不规范，出现了以公共权力压制市场自愿的行为，甚至出现了有法不依、私人利益附搭在公共利益之上的情况，从而引发利益主体之间较为尖锐的矛盾。

（2）征地补偿标准较低。

国家虽然对土地补偿问题高度重视，也出台了相应的补偿标准和办法，但就目前全国情况看，补偿标准仍然很低。土地补偿费、青苗补偿费、建筑物及构筑物补偿费、残地补偿费等主要补偿项目的补偿价格并没有依据市场原则确定，也没有体现出应有的效率与公平。

在我国，各级各地政府之所以热衷于征地，关键就在于土地征用与土地出让之间存在着巨大的价格落差。造成这种土地价格落差的原因是多方面的，其中主要有两个方面：

一是由于凭借政府公共权力，征用农用土地时土地征用补偿标准本身不高。《土地管理法》中规定：在对农用土地进行征用时，“以产值确定补偿标准”。这种规定具有相当的不合理性。补偿费用是以土地“被征收前3年平均产值”计算，按倍数予以补偿。“土地补偿费和安置补助费的总和不得超过土地被征收前三年平均年产值的三十倍。”《土地管理法》虽然没有明确规定征地补偿的具体标准，但从该法第47条第6款的规定可以看出，我国法律确定的最低补偿标准是“不低于原有生活水平”。该款规定：“依照本条第2款规定支付土地补偿费和安置补助费，尚不能使需要安置的农民保持原有生活水平的，经省、自治区、直辖市人民政府批准，可以增加安置补助费。但是，土地补偿费和安置补助费的总和不得超过土地被征收前3年平均年产值的30倍。”无论是10倍还是最高的30倍，在中国这样一个农业大国并且农产品价格“剪刀差”长期存在的情况下，以农业产品价格作为补偿费的依据本身是有问题的，必然会导致土地征用价格低。此外，对于“原有生活水平”的鉴定在实际的操作中也是很难确认的，特别是对于

“原有生活水平”的期限问题难于确定。按该条法律的规定，补偿费一般是土地前 3 年平均产值的 6 ~ 10 倍，也就是说从理论上可以保持 6 ~ 10 年的“原有生活水平”，即使最高补偿到 30 倍，但由于物价的上涨、货币的贬值也并不等于可以保证失地农民 30 年的“原有生活水平”。

二是征地和出让时对土地的使用性质定性不同。政府在征用土地时完全是按照土地的农业用途进行补偿，而在出让土地时则是按照商业、建筑用地的用途在实施。《土地管理法》的补偿的基本原则是“按照被征收土地的原用途给予补偿”。“原用途”就是农业用途。而土地出让或转让则改变了土地使用性质，主要是按照商业、工业或者其他经济效益更高的用途进行，于是便产生了巨大的增值收益。但是，在分享土地的转让收益或增值收益时，却忽视了被征地农民或被拆迁人的利益，没有让失地农民享受到土地增值的收益。世界银行移民和社会政策高级顾问迈克尔 · M. 塞尼教授在《把人放在首位——投资项目社会分析》一书中，阐明了他的工程社会学观点，即：任何工程都只能以造福于民为目标，工程应当对它所侵害的那一部分人的利益有所补偿，以使工程所涉及的所有人都能从中获利[①]。然而，在我国开发项目用地的征用中，“使工程所涉及的所有人都能从中获利”只是一种奢望。

我国目前城市土地供应主要以征地为前提，以“以需定供，总量限制”为原则。在土地供应上一方面要尽力满足社会经济发展和人民生活提高对城市建筑土地的需要，另一方面又要在土地稀缺、耕地越来越少的情况下，在城市建筑用地的总量上予以控制，避免土地资源的浪费，保证涉及中国十多亿人口吃饭问题的农业用地的需要。因此，在用地总量限制的情况下，土地一级、二级市场对稀缺资源的垄断地位进一步强化。这种强化作用的结果进一步加大了土地从征用到出让再到开发出售之间的价格落差。

---

① 迈克尔 ·M 塞尼. 把人放在首位——投资项目社会分析[M]. 北京:中国计划出版社，1998.

（3）征地补偿费用分配不合理，补偿方式单一。

征地补偿费是对被征用土地予以集体支付的，但我国现行法律制度对“集体”界定比较模糊，村干部成为了集体组织的“代言人”，因此，在实际操作中，极易出现村干部以村民委员会的名义进行第二次分配的情况，致使最终分配到农民手中的补偿额度缩水，甚至还可能出现村干部强占农民土地补偿费的事件，使失地农民蒙受更严重的损失。国家有关资料显示，土地用途转变增值的土地收益分配中，政府大约得60%~70%，村一级集体经济组织得25%~30%，农民只得5%~10%。政府和失地农民、被拆迁人之间没有实现公平交易，利益分配机制的缺失或未制度化，使得失地农民、被拆迁人不仅未能从城市开发中受益，反而蒙受更大的损失。

此外，我国对土地的征用补偿方式也很单一，应借鉴日本、德国等国家的经验，可以采用货币补偿方式，也可以采用分红方式，还可以采用实物补偿方式，而实物补偿又可以采取留地补偿和替代地补偿相结合的方式。补偿方式多元化可以满足失地农民不同的需要，有效保障和维护被征地农民的切身利益。

（4）拆迁问题突出，矛盾冲突严重。

与征地相联系的是房屋等建筑物的拆迁与人口安置。在这一过程中博弈的主体主要是开发商和被拆迁者，利益博弈的核心是拆迁补偿标准。

无论是征用农地的新区开发，还是征用城区土地的旧城改造都会涉及房屋等建筑物拆迁的问题。历年来，拆迁中暴露出来的问题与激发出来的矛盾冲突是在整个房地产市场中最为突出、最为严重的。我国房屋拆迁制度主要有2001年国务院通过的《城市房屋拆迁管理条例》，建设部出台的《城市房屋拆迁估价指导意见》和《城市房屋拆迁行政裁决工作流程》等行政规章，同时各省、自治区、直辖市也依据前《条例》制定了关于房屋拆迁的地方法规和地方行政规章；后来出台的《物权法》也对涉及个人物权的房地产拆迁问题做出了补充说明与规定。虽然我国于房屋拆迁方面的法律制度开始逐步完善，执行也越来越严格，但是，在实际的操作中，仍然暴露出一些问题。比如，开发商常常在政府默许下甚至打着政府的招牌，混淆公益拆迁和商业拆迁，对居民进行强制拆迁；利用制度性缺陷侵夺被拆迁人的权利，特别是剥夺被拆迁人参与价格谈判的机会。按照现行规定，拆迁人想要获得拆迁许可，只需单方面向政府房屋拆迁管理部门提交一系列文件（建设项目批准文件、建设用地规划许可证、国有土地使用权批准文件、拆迁计划和拆迁方案、办理存款业务的金融机构出具的拆迁补偿安置资金证明）即可，不需要获得被拆迁人同意。又如，把民事法律关系行政化。房屋拆迁行为中的拆迁人与被拆迁人是平等的民事法律关系，但由于行政权力的介入，这种法律关系显示出明显的行政法律关系色彩。而这种具有行政法律倾向的民事法律行为直接决定被拆迁人房屋的命运，使得拆迁人掌握了对被拆迁人的控制权。

在征地拆迁和失地农民安置的实施过程中，农民始终处于被动和弱势状态。首先农民对征地的前期工作参与不够，对征地、工程建设没有知情权和发言权，被征地农民不能参与补偿方案的平等谈判，对不合理的征地补偿安置方案缺乏抵抗力。其次，申请征地补偿安置标准裁决的成本太高，被征地农民、拆迁居民难于通过仲裁或诉讼的方式捍卫己方利益。

（5）农民失地导致失业。

土地征用和房屋拆迁过程中的利益博弈不仅仅带来了经济方面的矛盾，也带来了社会和其他方面的危害。

伴随着中国城市化进程的加快，城市建设土地需求越来越大，各地政府不断加大征地和拆迁速度。与此同时，越来越多的农民失去土地，成为失地农民或被拆迁人，因为征地和拆迁而引起的利益冲突越发明显。有关资料估计，1999 ~ 2010 年，耕地减少面积至少 1.6 亿亩，近 3 000 万农民失去其赖以生存的土地。伴随着土地的流失，本应属于农民的依附于土地的各种权益也随之流失。农民失去了土地也就失去了劳动资料、工作场所，而农民只有以土地为劳动对象，其价值才能得以实现。

2. 建立合理的征地拆迁价格补偿机制

人类的一切活动都可以用“经济人”假设来加以解释。对稀缺资源的追求和竞争，使得冲突不可避免。同样在城市建设征地和拆迁活动中，这一假设也不例外。城市建设征地和拆迁中政府与失地农民、土地使用人与被拆迁人之间存在问题的根源是以经济为主的利益冲突①。要有效地调节在征地拆迁过程中出现的矛盾，需要做好以下工作，采取以下措施：

（1）要遵循市场原则确定征地补偿价格，减少土地价格落差，建立合理的征地补偿机制。

要有效调节征地环节博弈主体之间的利益关系，缓解其间所存在的矛盾和纠纷，首先必须正视土地价格落差问题，应当依据公平、市场的原则进行。在是否征用土地这一问题上，政府应当充分利用公共权力，发挥政府公共管理职能的作用，但在土地价格确定上应当依据市场原则，让被征地主体与开发企业等土地使用者直接进行价格谈判，政府在其间应当弱化作为用地主体的地位（在现行征地实务中政府实质上就是土地的买方，或者说是土地出让的中间商），强化公共管理和监督的职能；在征用土地和出让土地之间，要尽力减少土地价格“剪刀差”。

其次，要按照市场机制来确定征地补偿价格。按照西方产权理论的观点，土地产权包括了土地所有权、使用权、收益权和让渡权等权利或权力②，这些权利是具有物权性的，如果要发生转移和改变，应该是基于自愿、自由、平等、等价的原则来实现。同时，在社会主义市场化进程中，也应该在土地流转中充分体现出市场经济的基本价值规律——等价交换。但是，在我国农村集体所有的土地被征用而变成为城市国有土地的这一土地产权变更过程中，并没有

---

① 朱东恺，施国庆.城市建设征地和拆迁中的利益关系分析[OL]. http://www.govpam.com.

② “产权是一个社会所强制实施的选择一种经济品的使用的权利”（阿尔钦，1994）；资产的产权是由“消费这些资产，并从这些资产中取得收入和让渡这些资产的权利或权力构成”（巴泽尔，1997）。

完全采用趋近于市场化的、以等价交换为基本内涵的价值规律和契约化原则，而是依赖地方政府行政的强制手段来实施，造成了农地市区化过程中的权利非对等性转移，即农民集体土地权益和城市政府补偿之间的价值、价格不对等。

第三，细化具体的征地补偿办法。在补偿标准上，应按照农用土地的非农化利用所取得的收益对农民予以补偿，让农民在征地后能够长期享受到土地增值收益。在补偿方式上，应变一次性补偿为多次性补偿，使农民得到长期的生活保障。在补偿内容上，变单一的货币补偿方式为经济补偿、社会保障补偿和就业补偿相结合的方式。比如，可以考虑在征用农民土地时，为失地农民的就业、创业提供一定的非农用地，用以建构城镇服务业产业链，或者引进劳动密集型企业，使农民在城市化的征地过程中有入城就业的机会。又如，将征用土地按一定比例作为回批地，让失地农民来办小企业、农贸市场、小商品批发市场等，以此来实现农民的自我就业和二次创业。①

（2）制定合理的房屋拆迁补偿机制。

目前，房屋拆迁的补偿政策都是由各地方政府根据各自管辖区域的实际情况制定的，拆迁补偿标准与房地产市场价格差距悬殊，各地区的区域差异也比较明显。因此，首先要建立征地公告机制、拆迁听证机制，通过征地公告、拆迁听证等方式让被拆迁者介入拆迁前期阶段。根据我国现行的《征用土地公告办法》，征地信息告知公众的时间始于征地方案获得批准之后，由被征用土地所在的地方政府在收到征用土地方案批准文件之日起 10 个工作日内进行公告，且对征地的公共目的也不作出说明。显然，公告时间太短，公告说服力太差，于协调拆迁者与被拆迁者之间的利益矛盾是不利的。同时，现在很多拆迁协议都主要是按照拆迁人单方面意图预先拟定并依赖政府强制力以及其他手段甚至暴力手段实施的，极易引发双方矛盾。要切实改善这种情况，在建设项目启动的初始阶段，应当通

① 刘丁豪．后城市化时期土地问题研究[J]．西华师范大学学报：哲学社会科学版，2009（1）：25-28．

过拆迁听证的方式让拆迁当事人提前沟通，增强实施拆迁要素的透明度。其次，要依照合理的房屋拆迁补偿市场价值予以拆迁补偿。如《广州市房屋拆迁管理办法》规定，在特定地区内，对被拆迁房屋补偿价格按照房地产市场价格增加20%确定，这20%充分考虑了房地产的增值、被拆迁人分担公共空间的损失及部分精神补偿。

（二）建立市场谈判机制

要切实保证被征用主体的利益,必须建立有效的市场谈判机制，保障被征地者的市场主动、对等参与机会，提高对征地拆迁过程的参与程度。

农村集体所有土地市区化、国有化过程实质上应是一个土地权益交换的过程。在这一交换过程中，交换双方的利益主体应该通过谈判机制确认交换价格。但是，由于多种原因，直接导致在这一权益交换过程中农村集体土地权利的非对等性转移，使农村集体不能按照自愿、平等的关系来参与土地征用谈判、处理房产征收等问题，从而也就无法保证农村集体权益的实现，导致农民集体和个人土地利益遭受损失。

1. 征地市场谈判机制缺失的原因

我国现行的土地制度是历经解放初的土地改革和上世纪五十年代中期合作化改造，以及八十年代初经济体制改革而确立起来的。土地公有是我国基本的土地制度，而这种公有制又表现为农村土地集体所有和城市土地国有两种形式。这一土地权属双轨制导致了农村土地在被征用时被征地主体不能有效地参与交易谈判。

首先，政府利用公共权力对农村集体土地享有征用权。据中华人民共和国相关法律规定，国家行政机关有权依法征收公民、法人或者其他组织的财物、土地。土地征用制度带有明显的革命时期遗留的强制意识和计划经济时期所形成的城乡二元结构的历史痕迹。

其次，农村土地所有权主体多元化，权属主体不明晰，村民委员会等组织是非人格化的代表，并不能够真正代表农民集体行使土地权力。《中华人民共和国土地管理法》明确规定："城市市区的土地属于国家所有。农村和城市郊区的土地，除由法律规定属于国家所有的以外，属于农民集体所有；宅基地和自留地、自留山，属于农民集体所有。""农民集体所有的土地依法属于村民集体所有的，由村集体经济组织或者村民委员会经营、管理；已经分别属于村内两个以上农村集体经济组织的农民集体所有的，由村内各该农村集体经济组织或者村民小组经营、管理；已经属于乡（镇）农民集体所有的，由乡（镇）农村集体经济组织经营、管理。"《中华人民共和国宪法》和《中华人民共和国物权法》也都作出了这样相同的规定。这表明：我国土地所有权分别属于两个主体，而农村集体所有制又分为村农民集体所有、乡（镇）农民集体所有、村以下农业集体经济组织的农民集体所有。各土地所有者主体的代表是相应的各级农村集体经济组织或村民委员会。但在实际的土地权益活动中，村民委员会等组织是非人格化的代表，概念边界过大，代表性弱，并不能够真正代表农民集体行使土地权力。所以，这就使得农村土地产权主体一方面表现出主体虚置性，另一方面呈现出多元化的特征。在一定程度上说，所有权主体的多元化本身也是一种产权主体缺位，与土地权属主体虚置一样，都是土地权属主体不明晰的表现[①]。

第三，村民总体素质不高，影响参与土地征用市场谈判的深度与质量。随着经济的发展和社会文化的进步，我国民众整体的文化素质、道德素养、法律涵养都得以明显提升，但是由于多种原因的影响，就某些局部个体而言，居民在商业活动、政治活动中所显露出的综合能力包括谈判能力还不够。比如，法律观念不强，法律知识特别是房地产相关法律知识不足；农民、小市民固有的一些习惯和意识导致内部组织团结合力不够等等，这些都会在很大程度上影响土地征用谈判的深度与力度，进而影响谈判效果。

---

① 刘丁豪. 后城市化时期土地问题研究[J]. 西华师范大学学报：哲学社会科学版，2009（1）：25-28.

2. 建立市场谈判机制

土地征用谈判机制的建立首先需要制度性安排。国家应当根据实际需要，制定和规范相关法律制度，在制度设计上，特别是在顶层制度设计上，应建构起合理的谈判机制，允许被征地主体可以也必须通过市场谈判协调各方利益，限制和弱化强势一方的权利。

其次，建立征地谈判机制应遵循契约化原则。契约是两人以上相互间在法律上具有约束力的协议。契约化原则的核心就是平等、自由。在我国城市化的征地过程中，不断出现有损于农村农民的事情，一个重要的原因就是在利益谈判中，政府和土地使用者始终是强势的一方，农村集体在谈判中处于被动和劣势。因而，要有效保证农村集体的利益，在征地、拆迁谈判中实现对等、自愿是必要的。

第三，村民要不断提高自身素质，特别是作为代表村民集体的村委组织和村社干部要以全体村民的利益为重，放弃个人的利己主义想法，从而为平等参与市场谈判提供主观要件。

（三）细化并适时调整相关法律法规，建立司法救助机制

1. 细化并适时调整相关法律法规

土地征用、房屋拆迁是操作性很强的事务，因此需要进一步完善相关法律法规，使土地征用和建筑物拆迁有法可依并更加适应新形势的变化，符合广大人民的切身利益。

我国各地征地拆迁政策虽然很多，但是在执行过程中没有统一的标准，有的法律条款和政策规范已经过时，有的则很笼统和模糊。征地拆迁政策的变化有其必然性。我国近年来经济快速发展，物价水平不断上涨，相关征地拆迁政策的调整和变化也就成为了必然。但是我国很多地方在调整相关政策时常常陷入两个极端，要么改变过快，不通盘考虑征地拆迁的历史问题，政策法规之间缺少衔接；要么是不做改变或者改变不大，以至于不能适应形势的发展和需要。

2. 规范政策操作行为，增加过程透明度

在征地拆迁过程中，政府征地拆迁具体操作不够规范，操作过程缺乏透明度。征地拆迁过程中的公告、公示制度，听证会制度等相关操作机制没有建立，导致农民没有详细了解有关征地拆迁信息，农民的话语权受到限制。征地拆迁就是单方面的信息通告，农民自然会对其中的信息产生怀疑和抵触的情绪。在征地拆迁时一些工作人员工作不够细致，动辄以政府工程之名，让农民牺牲自己的利益，如果有不同意见，就会用行政手段甚至动用公安干警强制拆迁。近些年来关于政府强制暴力拆迁的新闻屡见报端，拆迁造成的流血和命案不断增多。这种野蛮粗暴的征地拆迁工作方法和作风，给我国政府的形象造成恶劣影响，对农民利益产生巨大伤害，甚至导致利益主体之间尖锐的对立。

3. 建立司法救助机制

司法救助，是指司法机关对于当事人因经济确有困难，向政府职能部门申报给予经济救助的制度，也称为诉讼救助或法律援助。根据 1980 年订于海牙的《国际司法救助公约》第 2 条的规定，司法救助的范围还包括法律咨询。

农村集体土地拆迁户文化水平总体不高，法制意识相对较低，容易产生对政府公共事业的误解，导致拆迁纠纷。目前我国地方法院在处理由征地拆迁引起的纠纷案件时，主要依据最高人民法院《关于受理房屋拆迁、补偿、安置等案件问题的批复》文件。在处理此类案件时，认为对拆迁当事人既未达成安置补偿协议又未经裁决而直接向法院起诉民事纠纷的，人民法院不予受理。这一做法无形中提高了失地农民寻求司法救济的门槛。即使是当作民事案件审理，失地农民的利益也经常难以得到维护。因为大部分被调查的法院在对房屋拆迁民事纠纷进行裁决时，都以政府颁布的规范性文件为依据，而这些文件对于被拆迁人而言，还不如诉讼前或诉讼中拆迁人私下达成的补偿数额[①]。所以，当前我国关于征地拆迁的法律条件和环境难以保护农民的基本权益。

当征地者与被征地者、拆迁者与被拆迁者之间出现利益分歧时，应当按照谈判协商、仲裁、诉讼的次序来解决。显然，当进入司法程序后，作为弱势一方的农民集体和被拆迁者就需要进行司法救助。

一是对被征用土地者进行司法辅导和提供司法咨询，让其充分了解政策和法规，理解政府公共行为。

二是建立土地纠纷仲裁机构。随着市场经济的不断发展和农民法律意识的增强，由征地引发的矛盾特别是对补偿费用的争议会越来越多。按照目前法律规定，发生土地补偿费用争议的，应由县级以上政府协调，协调不成的则由批准征用土地的人民政府裁决。这种由政府即作为土地买方，又作为政策制定者和纠纷裁判员的做法，显然不合常理，也不符合通常由独立于政府之外的机构来仲裁征地纠纷的国际惯例。因此，有必要建立专业的、第三方仲裁机构来裁决征地纠纷，这样可以有效地保护国家、集体、农民三者之间的合法权益，公平合理地协调各方利益。

① 张永亮，张雯.农村征地拆迁利益分配机制构建[J].人民论坛，2011（14）：142-143.

第七章

土地出让、房地产开发经营环节的利益协调

在我国，土地出让和房地产开发经营市场是房地产市场化程度最高的市场。此环节的利益主体都是以经济人角色参与市场，所以，其利益调节也是最为困难的。

一、土地出让市场利益主体与利益关系

出让土地使用权是指国家将国有土地使用权在一定年限内出让给土地使用者,由土地使用者向国家支付土地使用权出让金的行为。土地使用权出让，可以采用拍卖、招标、挂牌出让或者双方协议出让的方式。根据土地管理的有关法规，商业、旅游、娱乐和豪华住宅用地，有条件的，必须采取拍卖、招标方式；没有条件，不能采取拍卖、招标方式的，可以采取双方协议的方式，但协议的土地使用权出让金不得低于按国家规定所确定的最低价。

在土地出让市场，利益主体主要是地方政府和房地产开发商。此时作为土地出让市场的卖方——地方政府在出让土地时有两个主要目标：一是维护市政规划的目标，合理使用土地，主要表现在土地使用用途的确定，使用时间的安排，使用程度的确立，出让方式的选择等；二是获取最优的价值收益，这种价值收益不仅仅是因为土地资源的最优交易而带来的附加收益，而是直接的土地交易收益——土地出让金。

作为另一交易主体的房地产开发商，显然是以追逐利益的最大化为目标。围绕着这一目标，开发商作为土地的买方主要通过以下方式来完成：一是希望土地出让金更低，通过各种方式以低成本获得土地；二是在依附于土地出让之上的其他方面做到附加条件更少，成本最低，力争在附加条件中实现利益的最大化。

因此，开发商和政府之间必然在为了达成各自的利益目标上进行博弈。

二、房地产开发市场利益主体与利益博弈

（一）地方政府与房地产开发商的利益博弈关系

在房地产开发过程中，地方政府起着非常重要的作用。其一，地方政府作为辖区内的管理者通过颁布和执行法律、征税、行政管理等方式影响着房地产开发市场和开发商开发经营行为；其二，地方政府是房地产开发项目必要基础设施和服务的提供者，对土地开发进度、开发程度以及开发土地的未来使用效率和增值效果都有十分重要的影响。因此，在房地产开发经营环节，地方政府对开发商处于强势地位。

在开发经营环节，房地产开发商是通过生产房地产实物产品，在博弈规则许可的前提下，自主经营，追求利润最大化来实现其终极目标的。此时的开发商处于多种矛盾关系的接点处。

从总体来说，在此环节开发商与地方政府的博弈中，双方既有不相同的利益追求，也有一致的利益共谋，但由于政府的强势，开发商往往只能通过妥协来赢得与地方政府的合作。

（二）开发商与房地产消费者之间的利益博弈关系

这里的消费者不仅是指以自己或家人居住为目的的消费者，也

包括以投资或投机为目的的消费者。消费者是房地产开发产品的最后买单者，他们的购买力的大小直接决定着房地产产品的销售状况和市场的可持续发展程度。

产品再生产理论告诉我们，生产的目的最终是消费，只有产品进入消费环节，生产的目的才能实现，一个完整的生产过程才算完成，货币才会实现增值回收。若房地产没有进入最终消费环节，只在中间流通环节炒作，房地产经济泡沫可能会产生。因此，作为房地产市场卖家和买家的开发商与消费者必然发生联系，产生博弈关系。

从严格意义上讲，住宅房地产品作为居住品难以寻找到替代品，因而消费者往往会放弃某些方面的需求。如:当前中低档住宅供不应求，而居民的承受能力有限，只能放弃寻求新房，购置其实并不实惠的二手房，这也是一种无奈的选择。消费者参加房地产市场博弈的上限是最大消费承受能力，博弈的结果如果高于承受能力，他们将退出博弈。

在房地产市场，开发商与购房者之间的博弈焦点主要在产品的经济属性上，具体体现为产品的价格、产品的质量、产品的附加服务等方面。

双方对产品价格的博弈是最激烈的。开发商总是借助各种手段抬高房地产产品的价格。通常的做法有：

第一，利用各种营销手段夸大产品性能，特别是在产品的区位、档次、方便程度、配套设施、增值潜力、投资价值甚至风水影响等方面故意夸大产品性能，为其高位定价奠定基础。

第二，利用市场信息优势虚增成本，为其高房价找到理由和借口。开发商在与消费者的博弈中，由于处于信息优势地位，如拥有详实的开发成本信息、房地产质量信息，以及处于垄断或半垄断地位，因而往往成为博弈的赢家，而消费者特别是刚性需求住房消费者则是博弈的输家。开发商之所以能处于垄断地位是因为：其一，提供的产品具有唯一性和不可移动性；其二，开发商是某一宗房地产产品的唯一提供者，房地产需求者只能从开发商手中获取房地产产品，供给渠道单一，这决定了开发商控制着定价权，需求者讨价还价余地不大；其三，房地产替代产品少，产品需求者选择空间不大，产品购买的转换成本高，只能被动地选择开发商提供的产品；其四，现阶段的房地产市场并未形成均衡市场，市场有利于开发商，开发商左右着房地产市场供给状况，可以通过销售控制、促销控制等手段，影响消费者对房地产供给情况的正确判断。

消费者购置房地产的目的有的是自用，有的是投资，他们会根据自身消费偏好、承受能力等确定承受价格，根据房地产效用价值大小与开发商进行谈判，希望用最低的价格获取最大的效用，因此在谈判的过程中会尽其所能地吹毛求疵，挑剔房地产的缺陷。但是消费者并不一定都是这方面的内行，并不拥有完整的房地产信息，在与开发商的谈判中处于信息弱势地位，讨价还价力度不大，往往是被动地接受开发商的价格。

第三，除了围绕着价格展开的营销策略博弈之外，开发商与消费者的博弈还具体体现在楼盘的类型选择上。在家庭收入一定的情况下，随着房价的上涨，消费者的购买力是呈下降趋势的。所以，特别是低收入消费者往往会倾向于购买小面积的普通住宅，因为住宅是按套销售、按面积计价的，如果所购房屋的面积越小、档次越低，总房价就越低。然而，开发商为了打造品牌形象和兼顾企业的长远战略利益则总是希望开发面积较大、档次较高的楼盘，特别是不愿意承担保障性住房的建设任务（因为保障性住房会限制价格、限制档次，因而影响利润）。因此，双方之间必然存在利益博弈。

总之，开发商和消费者之间的博弈是多方面的，博弈的主战场则是始终围绕价格和产品经济属性而展开的。要调节双方之间的利益矛盾，政府必须要充分利用房地产开发许可证制度，在房地产立项、规划审批环节通过对开发楼盘的合理的、有利于消费者方面的限制来保障消费者的权益。

（三）房地产开发商之间的博弈关系

首先，房地产开发商之间最典型的博弈就是土地招标和拍卖过程中的博弈。在土地出让的招投标过程中，房地产开发商往往会选择合谋的博弈策略，使合作成为他们之间最主要的博弈形式。

根据博弈理论，假设市场中存在两个房地产商 A 和 B，他们合谋以低价获得土地的开发权，如果 A 先报一个较低价格，B 则可以用一个相对较高但远低于两者共同竞争获得该土地的保留价格的价格获得土地，从而两者达成协议上的共同开发。假设两者不合作，一直竞争叫价，使土地价格达到盈亏平衡点，则其收益为 0，但如果双方合作，则可以达到 3 的收益；如果一方选择破坏协议可以获得 5 的收益，而另一方由于机会成本的存在导致的损失为 -1（见表 7.1）。

表 7.1　房产开发商的合谋矩阵

房产开发商 A	房产开发商 B	
	合作	不合作
合作	3，3	-1，5
不合作	5，-1	0，0

从短期来看，房地产商 A 和 B 都有破坏协议获取高额利润的动机，然而这样做的后果会导致对方的不信任且在今后的博弈中都会采取不合作的策略而导致双方收益为 0。所以，从长远利益考虑，房地产商都会选择合作的策略[①]。

尽管政府出台了一系列土地实行招标、拍卖、挂牌出让的政策，但开发商之间的合作共谋，导致政府相关政策失效，进而导致公共利益的损失。

其次，在房地产销售定价环节，开发商之间也常常采用合作、串谋的博弈形式。因为根据博弈论的囚徒困境理论，开发商选择都不降价的合作策略，大家一起维持现有的价格体系不变，可以获得最大化的收益。

① 潘俊，尹龙．基于房地产市场各利益主体的博弈分析[J]．商业经济，2010，（4）：29-31，34.

假定在当前的市场形势下，存在着甲、乙两个开发商，那么在他们之间存在着如表 7.2 所示的博弈过程。

表 7.2　房地产开发商之间的博弈分析

甲	乙	
	维持价格	降低价格
维持价格	10，10	−2，5
降低价格	5，−2	3，3

从表中可以看出：维持高房价不变可以带来高利润，双方受益均达到最大值 10；如果其中有一家采用降价促销手段的话，就会导致购房者偏向降价一方，而另一方的销售压力增大，其总收益利差正好一正一负；如果双方都采用降价措施的话，随着观望者的入市，两家都解决了销售问题，但是利润大大减少，只有 3。所以，双方最佳的策略选择是维持高价不降价。当然应该注意的是，这种利益同盟并不是非常牢靠的，一旦市场中有降价楼盘出现，从周边扩展到整个区域的降价压力会波及所有开发商，此时全线降价似乎不可避免。[①]

开发商在利益的驱动下，往往倾向于采用合作共赢的博弈形式。这种合作共谋的一致行为虽然多是心照不宣的心理协定，但同样极容易造成房地产供给的垄断和房价高企，对消费者造成更大的经济损失。

三、房地产开发经营环节的利益协调

在房地产开发、经营环节，影响各个市场主体的因素很多，其中有的因素又起着十分重要的作用。因此，要有效地对市场利益关

① 佚名. 从博弈论看当前上海房地产形势[J].中国房地信息，2005(12)：54-55.

系进行调节，就需要从这些关键因素入手，对市场主体的利益予以约束，进而达到抑制房价的目的。

（一）剔除不必要的市场主体，归并、降低开发经营环节税费

我国房地产业横跨生产、经营、消费领域，产业跨度很长，利益环节和利益链条也很长，参与或附着在这一利益链条上的主体也很多，上自中央政府，下至普通老百姓。附着在这一利益链条上的利益主体利益叠加，导致房地产终端产品的价格高企。因此，要抑制房价，一方面是要通过对房地产市场主体利益的协调抑制其利益欲求，另一方面就是要通过行政限制，尽力减少、剔除附着在其间的不必要的利益主体。

目前，附着在房地产利益链条上的主体很多，其中有许多非合法主体，如政府官员，他们通过掌握项目立项、土地出让、房地产开发等各个环节的审批、管理、监督权力，附着在这一利益链上，获取灰色收益。这些灰色利益追逐主体是非合法存在的，一方面需要政府通过加强反腐来予以剔除，另一方面，还需要国家在机制上加强对房地产行政职能机构官员的制度约束，要尽力减少房地产项目行政审批环节。行政审批环节越少，灰色利益追求的官员参与人数就越少，官员权利寻租来给房地产开发的成本才会越低。

此外，在房地产开发环节，特别是在开发前期准备阶段，除了那些非合法主体追逐灰色利益带来的房地产开发成本上升之外，还有一些合法的主体也奋力挤入房地产市场，加入房地产市场利益的分割战，使房地产开发成本上涨。这些合法的主体主要是各个政府职能部门，其在此环节对房地产市场的利益争夺主要体现在征收高额的税费上。

我国在房地产开发环节征收的税费种类很多，税费额度也很

高。目前，我国房地产税种基本涵盖了土地取得、房地产开发建设以及流通等环节。其中，在拿地阶段涉及的地方税种主要有：契税、耕地占用税、印花税、城镇土地使用税；在开发建设环节和销售环节涉及的税种主要有印花税（签订各种合同缴纳的印花税，其中主要有：一是工程勘察设计合同，包括勘察、设计合同，按收取费用万分之五贴花；二是建筑安装工程承包合同，包括建筑、安装工程承包合同，按承包金额万分之三贴花；三是银行及其他金融组织和借款人所签订的借款合同，按借款金额万分之零点五贴花；四是财产保险合同，包括财产、责任、保证、信用等保险合同，按收取的保险费收入金额的千分之一税率贴花）、对外支付劳务代扣代缴、计税成本的核算、城镇土地使用税、营业税、企业所得税、城市维护建设税、土地使用税、房产税、车船税、个人所得税、教育费附加等。

除了以上税费外，还有各个政府职能部门收取的费用，其中主要包括两部分：一是房地产行政性收费，即房地产行政管理机关或其授权机关，履行行政管理职能管理房地产业所收取的费用，主要包括房地产登记费，勘丈费，权证费，房地产买卖、继承、分割、赠与手续费和房屋租赁登记费等；二是房地产事业性收费，即房地产行政管理机关及其所属事业单位为社会或个人提供特定服务所收取的费用，主要包括拆迁管理费、房屋估价收费等。此外还有一些巧立名目收取的费用，比如有的地方规定当地修电站要按建筑面积收取电站集资费；又如消防部门、卫生部门、环卫部门等也以这样那样的理由收取各种费用。这些费用项目名目繁多，有的也根本没有收取的理由和依据，但由于按规定要由这些部门盖章审批，开发商迫不得已也只好缴纳。

开发经营环节各种税费的叠加，使房地产开发成本大增，房价不得不随之上涨。据原国家建设部房地产业司的资料估计，各种税费占商品房成本的大致比重如表 7.3 所示。

表 7.3 商品房税费比重统计表

项目		占商品房成本的比重/%
税收		10
行政性费用	管理费和手续费	3
	项目性收费	16.5
	证书工本费	0.5
	小计	20
合计		30

另外，根据 2009 年 2 月由全国工商联房地产商会发布的《我国房地产企业开发费用的分析》可以看到，在房地产开发的总成本构成中，土地成本所占比例达到 37.13%，土地成本加上税收支出的比例占到总支出的 49.42%，即在开发企业的总支出中有接近一半是向政府支付的。①

因此，要有效地抑制房价，就需要花大力气剔除一些不必要的收费主体，减少和合并一些不合理的税费项目，减轻房地产开发的税费负担。

第一，应合理分摊城市基础设施和公用设施费用。应将城市基础设施和公用设施费用单纯由消费者承担改为由政府、房地产开发商、消费者等共同承担。合理分摊税费，本身就是一种利益调节，只有这样才能既维护房地产开发商的利益，又保护消费者的利益，有利于调动消费者的购房积极性。具体做法应是：对于非营利性的城市基础设施（如道路、交通等）以及公用设施（学校、医院等）等费用，应由政府财政承担；对于营利性的配套设施（如商业网点）等费用，本着“谁投资、谁所有、谁受益”的原则，由房地产开发商或受益企业承担；对于住宅小区内的市政配套设施建设费用，由消费者承担。

① 徐梅芳. 我国房地产行业税收负担问题研究[D]. 成都：西南财经大学，2009.

第二，为鼓励居民买房，对居民的住房应降低或减免交易契税。

第三，剔除不必要的利益主体，取消一些不合理收费。对一些附着在房地产利益链上的利益主体要由政府确立行政规则，避免其介入房地产开发审查环节。对房地产开发的各项收费应进行清理，对不合理费用坚决予以取缔，如人防费、教育集资费、地名费等以及各种名目的管理费和保证金。此外，政府应采取集中收费、统一管理办法征收税费，避免政出多门、重复收费。如广州市，对房地产项目一次性征收的各种配套设施费实行合并，统一由市政设施收费处收取，转入财政分配使用。这样，有利于降低商品房总体收费标准，进而有利于降低商品房的成本和价格。

（二）打破开发商的利益共生格局，防范合作共谋

正如本章前文所述，在房地产开发经营环节，开发商之间虽然存在着竞争博弈的情形，但为了自身长远利益的最大化，他们之间往往会心照不宣地产生心理默契，形成串谋、合作的博弈关系。这种格局的稳定维持，不仅会继续推高房价，而且对整个房地产业都会产生巨大的损害。因此，必须要打破这种开发商因为利益共生体系而形成的串谋格局。

第一，建立政策防火墙，阻断开发商合作串谋的可能。要提高开发商合作串谋的成本风险。对于那种在土地招投标过程中的串标、压标、抬标行为要予以严惩，不仅让其承受经济责任，还应由其承担法律责任。

第二，强化市场竞争机制，动摇开发商之间串谋合作的心理基础。由于房地产开发市场具有相对的垄断性，进入壁垒高，进入房地产开发领域参与竞争的主体较少，房地产开发市场业务量较大，开发商获得开发业务的机会较多，因而当一个开发项目不能中标的时候，可以获得其他项目，这就为开发商在土地出让中合作串谋提供了极大的可能性条件（这次你中标，下次由我中标）。这种可能性的存在，也是开发商之间串谋合作的心理基础。因此，只要进一步

降低行业准入门槛，开放房地产开发业务，引入竞争机制，造成“僧多粥少”的局面，这种不太牢靠的合作共谋格局就将被彻底打破，开发商之间哄抬房价的局面也就会随之消失。

（三）加强政府监管，确立行业基准利润率

平均利润率是反映全社会经济活动盈利水平和能力的重要指标和参数，是测量企业、行业生产经营状况和盈利水平的主要指标和参数，是政府干预经济、扶持产业、加强国有资产监管、调节收入分配关系的重要依据。我国目前行业利润率非平均化现象比较严重，行业间利润率相差较大。处于产业链上游的能源、资源、房地产、公路等行业，利润率较高，而众多民营的、规模小的、竞争较为充分的产业利润率则相对较低。

由于我国财务制度和统计制度的不健全和不透明，房地产行业真实的利润率难以统计。上海易居房地产研究院研究员杨红旭曾对媒体表示，房地产行业的整体利润率保守估计在 30%～40%，这是基于房地产公司自己公布的财务报表计算出来的。但是考虑到我国财务制度和法律制度的不完善，房地产商可能通过转移利润，虚增土地成本，将未开发本应计入下期的土地的费用计入当期成本，夸大管理费用，扭曲报表等手段隐藏大量利润。所以，房地产行业真实的利润率比公开的利润率更高。

按照西方国家的经验，一个成熟的行业，其利润率一般在 10% 左右甚至更低。例如，美国 2006 年房地产行业的平均利润率只有 7%；又如，我国工业行业 2007 年的平均利润率为 7.43%，2006 年只有 6.74%①。按照这一标准，房地产行业已经成为不折不扣的暴利行业，远高于国内其他大多数行业和国外同一行业。

据 Wind 数据显示，可比的 A 股 1 564 家公司 2011 年平均毛利

① 贾利军，王之润. 行业利润率对贫富差距和通货膨胀影响的经济学分析[J]. 现代财经（天津财经大学学报），2010（11）：16-23.

率为 28.7%。而 2012 年 4 月，房地产行业发布年报的 91 家公司 2011 年平均毛利率却达到了 40%以上，较前一年上升 3.69 个百分点。可见，在我国 A 股市场上市企业中，房地产的行业平均毛利率比总体平均毛利率高出 11.3%以上。

表 7.4 列出了 2011 年我国 A 股房地产上市公司销售毛利率的前十名，其中位居第一的是云南城投，毛利率达到了 76.36%。

表 7.4　2011 年我国 A 股房地产上市公司销售毛利率前十名

公司名称	云南城投	运盛实业	阳光股份	天伦置业	南国置业
毛利率(%)	76.36	75.96	74.58	74.56	72.71
排名	1	2	3	4	5
公司名称	金丰投资	宝安地产	华联控股	香江控股	沙河股份
毛利率(%)	70.68	69.99	68.93	67.36	65.59
排名	6	7	8	9	10

（数据来源：方正证券“泉友通”证券分析软件）

从纯粹的经济观点看，房地产业收益率的高低是由其成本和收益之差决定的。一般而言，房地产开发企业的收入来源主要有三个方面：房地产物业销售收入、出租收入和其他投资经营收入。其中，前两项收入是最主要的收入来源。任何产品的收入率都是和售价成正比的，房地产也是如此，其售价、租金越高，其总收入就越高，利润也就越高。

在开发成本一定的情况下，影响房地产开发收益的因素主要取决于总收入，而影响销售总收入的因素主要在于两个方面：一个是销售速度，另一个是销售规模。

就房地产的销售速度来看，如果卖得越快，销售成本就越低，而且可以缩短开发总周期，加快开发频率，最终增大开发总规模和提高总收益。而销售速度又在很大程度上取决于市场环境和企业定价、促销等策略。就销售规模来看，同样也取决于企业自身策略选择得是否正确。

策略都是企业行为，属于企业可控范围。因此，抑制高房价，协调房地产经营环节的市场利益关系，有赖于开发企业自身的价值取舍。

当然，要开发商自觉舍弃高利润，放弃高位定价策略是很困难的，这不仅需要开发商加强道德自律，还必须借助于行政强制力、社会舆论监督力和市场的约束力。

四、房地产中介主体利益协调机制

中介服务是市场经济发展和社会分工的必然要求，也是市场经济发展的必然产物。房地产中介服务是覆盖房地产投资、经营管理、流通消费的各个环节和各个方面，为房地产投资、开发和交易提供各种媒介活动的总称,是通过提供服务性产品获得经济报酬的活动。这些服务性产品包括房地产咨询、房地产价格评估、房地产经纪等。房地产中介是联结房地产与社会(即消费者)、房地产与社会其他经济部门之间以及房地产经济内部的各种经济关系的环节和纽带。随着房地产业的蓬勃发展和市场交易的日趋活跃，以及我国市场经济的不断深入和房地产业的进一步发展，房地产中介服务更加丰富和日益复杂，房地产中介概念的内涵和外延也在不断发展深化。

房地产中介一般主要和房地产开发商产生利益博弈关系，也和消费者之间构成利益竞争关系。

（一）房地产中介的特点

房地产中介主要为房地产市场提供各种信息和服务咨询。其特点是：第一，房地产中介活动以服务性的活动为主，在整个服务过程中,中介机构既不占有商品也不占有货币,主要凭借智力要素(专业知识、技术）和人力要素（劳务）为房地产各个部门提供服务。

第二，房地产中介活动灵活多变，具有非连续性和流动性的特点。因为房地产中介服务是以契约形式达成的，活动内容和活动时间都是以委托人的需要来确定的，一旦契约解除，中介机构为某一特定客户提供的这种活动就宣告结束。由于对某一客户的服务具有非连续性，因而容易忽略自身责任，在提供短期服务的过程中以获取佣金作为唯一目的而采用欺骗、误导等手段故意损害委托方的利益。

（二）我国房地产中介行业中存在的问题

据不完全统计，目前全国房产中介机构逾 5 万家，从业人员超过 100 万人。有分析称，房地产中介机构在搞活二手房市场以及降低交易成本、提高效率等方面都发挥了积极作用。但在快速发展的同时，房产中介行业也是乱象丛生。[①]

第一，法律法规体系尚不完善，从业机构良莠不齐。到目前为止，我国房地产中介服务方面的法律法规尚处于建立框架过程中，体系尚待完善。房地产中介相关法律以及法规还相当匮乏，而且现有规定过于笼统，缺乏可操作性，有许多方面法律关系的调整还难以涵盖。同时，行政法规、部门规章、地方法规、规章针对房地产中介的规定也普遍不完善和存在不规范现象。此外，违法违规方面的处罚和监管的法律法规也非常不完善。可喜的是，2011 年 4 月 1 日，我国第一个专门规范房地产经纪行为的部门规章《房地产经纪管理办法》正式施行，为规范房地产中介活动提供了有力的政策支持。目前，由于房地产中介的注册金要求较低，技术要求低，行业壁垒不高，再加之房地产行业的高利润的吸引，进入者众多。许多中介机构根本不具备从业资格，主体资格不合法，无照经营和未经登记核查擅自从事房地产中介业务的现象普遍；有的房地产中介机构不按照标准收费，随意性太大，收费名目杂乱，账目管理混乱。

第二，行业监管不力。目前，面对数量庞大的中介机构和纠纷，

① 董文晖.我国房地产中介企业发展战略研究[D]. 武汉：武汉理工大学，2006.

由于政府没有专门的房地产中介监管组织，其监管主要是由工商行政管理部门负责的，所以，政府主管部门对房地产中介的市场行为的监管也是力不从心，监管缺位、监管错位、监管不力的情况严重。同时，房地产中介行业也缺少行业协会这样的自律性组织，业界相互监督和道德自律管理也不足。

第三，缺乏专业人才，影响产业提升。房地产中介活动主要是依靠人才智力获得收益的，因此对从业人员的专业知识技能的要求很高。从业人员不仅应该具有和房地产、工民建方面相关的经济学、管理学、建筑学等多学科的专业知识，还应该具有较强的获取、整理、分析市场信息的能力以及较强的组织、沟通、协调能力。但是，就目前来看，我国房地产中介产业方兴未艾，在某些业务领域，房地产中介机构几乎成了安置下岗工人再就业的场所，从业人员良莠不齐，缺少专业资格认证，绝大多数人都没有过从事相关工作的经历。

第四，中介机构职业道德和服务意识不强。由于行业不规范、竞争激烈、从业人员素质低下，许多中介机构缺乏职业道德操守，仅仅把获利当作唯一的目标，服务意识淡薄，服务不到位，服务质量差，严重影响行业形象。

（三）房地产中介市场主体利益的协调

房地产中介市场主体较多，根据业务活动的领域来划分，主要可以划分为两类：一类是为房地产开发经营活动提供各种咨询服务的市场，包括项目论证分析、决策咨询、资金筹集、项目勘察设计、项目策划、广告促销、销售代理等。在这一市场，开发商和中介机构形成直接的雇佣与被雇佣的关系，市场主体利益博弈主要表现为这两者的博弈。另一类是为消费者提供购房、租房代理服务的市场，主要是二手房交易市场。这一市场最为混乱，市场主体的利益博弈主要是房地产中介机构和消费者之间、中介机构和中介机构之间的博弈。

对房地产中介市场主体利益的调节，首先需要从规范市场行为入手，通过法制化手段，提高行业从业素质，整肃市场法纪，治理市场环境，打造并形成良好的市场秩序和行业盈利规则。

其次，由于房地产中介组织主要是凭借智力要素（专业知识、技术）和人力要素（劳务）为房地产各种部门提供服务来获取收益的，对其所提供的服务价值评判难度很大，价格的量化不易，这就极容易出现服务收费不一致，甚至高收费、乱收费的情况，从而对市场双方利益造成影响，进而影响房地产市场的规范和发展。因而，对房地产中介市场主体利益的调节，应建立服务评价体系。政府应通过对行业的成本和平均利润率的确认来引导行业服务价格体系的建立，坚决杜绝不合理的乱收费行为。

第三，房地产中介市场是房地产行业市场化程度较高的领域，除了利用政策行政之手对其进行规范、管理之外，更重要的是要借助市场之手来自发地进行调节，市场手段始终是解决市场问题的灵丹妙药。